# 기러기 우는 밤

시에시집 **021**

# 기러기 우는 밤

김교홍 시집

詩와에세이

차례__

아지랑이 춤추어도 · 06
봄비, 여름비 · 08
밤하늘에 별 셋 · 10
진주 따 보내오리 · 12
내 마음 1 · 14
금오산성 · 16
영원한 나의 노래 · 18
내 마음 2 · 20
직지사 · 22
나의 벗, 창덕 · 26
졸업 · 30
청노루 · 34
정녕 님은 갔으나 · 36
가야산 해인사 대웅전 · 38
원당암 새벽 · 42
가야산 · 44
홍류 계곡 · 46
밤 가로등 · 48
님은 가고 · 50
귀로 · 52
나비도, 제비도 없으리라 · 54
슬픈 여인 · 56
장끼는 왜 울고 있나 · 58
달도 머무릅니다 · 60
꿈 · 62

광인 · 66
팔자 · 68
화무십일홍(花無十日紅) · 70
화촉 · 72
못 잊어 울겠지요 · 74
님 · 76
잔 들고 남산과 마주 앉다 · 78
남도 삼백 리 · 80
물은 흘러갔기에 · 84
밤길, 꿈길 · 86
심란 · 88
님은 갔습니다 · 90
흔적 · 94
봄맞이 가자 · 96
소녀 · 98
돛단배 · 100
정열 · 102

시인의 노트 · 104
해설 | 홍승기 · 106
평론 | 이정훈 · 131
후기 | 김성우 · 149

## 아지랑이 춤추어도

아지랑이 춤추자,
시냇가 수양버들 노래 부르고,
맑은 물, 조약돌을 스쳐 가는데,
꽃 꺾어 주시던 엄마는,
손잡고 냇가에서 피리 불어주던
작은형은, 오지 않네요,
나 홀로 어찌하라고.
(1952년)

# Although Heat Haze Dances

As heat haze dances,
Willows alongside the stream sing
And clean water washes over the pebbles.
Mom used to pick flowers for me,
Brother played his pipe for me.
They are nowhere to be found.
Both have left me alone,
Oh, what shall I do?
(1952)

## 봄비, 여름비

비산동 양지 녘에
금잔디 돋우는 봄비, 솔솔 비,
떠나간 소녀의 무덤 위에 내리는
봄비,
지나간 봄 달빛 아래
나 홀로 훌쩍이던 눈물이어라.

여름비, 궂은 비, 칠월 장맛비,
새미(新山) 양지 녘에
금잔디 누리는 칠월 장맛비,
어머니 무덤 위에 내리는
궂은 비,
서러워라, 영원한 이별의 눈물이어라.
(1953년)

\*6·25동란이 일어난 지 3년이 지났다. 동란 첫해 음력 7월 7일, 칠석에 돌아가신 어머님을 그리워하다.

# Spring Rain, Summer Rain

At the sunny village of Bisan,
Spring rain gently blankets the grass.
Falling down on the tomb of the girl who left me,
Under the spring moon,
The rain is the tears I alone shed.

At the sunny foot of Mount New,
Summer rain, hardened rain, monsoon rain
Overwhelms the grass.
Falling down on the tomb of my mother, dearly
  departed,
Ah, Sorrowful,
The rain is the tears I shed at the moment of parting.
(1953)

## 밤하늘에 별 셋

"하늘나라 삼 형제가 삼태성(三胎星)이라."
별 보며 하신 어머니 말씀.
서럽구나,
어찌하여 나 홀로 뒷산에 나와
솔 등 잡고 울고 있는가.

언제나 술래잡기,
정다운 삼태(三胎),
이 밤은 칠월 칠석,
서럽구나.
(1953년)

# Three Stars in the Night Sky

"Three Star reveals three brothers in Heaven"
Mother said, observing the constellation.
So sorrowful,
Alone on the rear hill, I cry
Embracing the back of a pine.

Always, we played hide and seek
The three of us, sweet brothers.
Tis the night of July 7,
So sorrowful.
(1953)

# 진주 따 보내오리

아침 해 비치는 뒷산에
영롱한 진주,
옥함에 고이 따 담아,
애기처럼 늦잠 겨운,
그대 머리맡에 보내 볼꺼나.

폭탄이 콩 튀듯 하는 거리에,
우리 서로 어린 고운 마음으로,
눈에서 눈으로 흐른 고운 정,
못 잊어 삼 년을 산기슭에서,
몸부림쳤네.
아, 내 마음 진주는 빛이 나누나.
(1953년)

# Going Pearling

On the rear hill
Under the morning sun,
An elegant pearl
Placed in a jewel box
And sent to your bedside,
As you sleep soundly like a baby.

As bombshells exploded on the street,
A shared love
Through minds and eyes.
Unforgotten, as I've writhed with sorrow
At the foot of hill
For the last three years.
Ah, a pearl glittering in my mind!
(1953)

# 내 마음 1

내 마음은 심심산골의
한 떨기 청초한 진달래꽃.
실구름에 싸인 이슬을 먹고,
미풍에 입 생긋 웃음 짓는,
청초한 한 떨기 진달래꽃.

너는 어이하여
이 심심산골에 홀로 피어 있는가.
굳이 묻지 마세요.
다시 입 생긋 웃음 짓는,
청초한 한 떨기 진달래꽃.
(1953년)

*19세 때 깊은 산골 진달래에 빗대어 나의 마음을 표현한 글이다.

# My Mind 1

My mind, a bright azalea flower
In a deep valley,
Feasting on dew wrapped in a small cloud
With a smile at its lips.

"Why do you blossom
Alone, in this deep valley?"
"Don't ask."
The bright azalea flower
With a smile at its lips again.
(1953)

# 금오산성

홈 팬 골짜기,
불쑥 솟은 산줄기,
시뻘건 동맥인 양,
휩싸고 도는 석성.
육갑자 먼 옛날,
가토 기요마사 길 막으려,
조상님네 피 방울방울,
한데 엉켜 이겨낸 성.
무심한 개울물,
소리소리 내고 있네.
(1953년)

# Stony Fortress of Mt. Kumo

Furrowed valley,

Soaring ridges,

Surrounded by a Stony Fortress,

Blood-red as an artery.

Where our forefathers

Repulsed Kato Kiyomasa's invasion

With their blood and solidarity,

Three hundred and sixty-one years ago.

(1953)

# 영원한 나의 노래

불그레한 햇빛 창에 비치면,
내 마음 새삼 괴로워져요.
한바탕 목 놓고 울어볼까요.

가락 잃은 내 노래 구슬프구려.
영원한 내 노래, 고운 그 사람,
그 가락 한 곡조만 불러 주세요.
괴로움에 내 홀로 울고 있나니.
(1954년 6월 4일)

# My Song Forever

Sunlit window, reddish hue,
I am pained, in agony.
I lost my way.
Oh, what can I do?

My song lost its melody, so sad.
My Song forever, my girl, elegant,
Sing a tune of the song for me, please.
Distressed, I cry alone.
(June 4, 1954)

# 내 마음 2

내 마음은 산골 옹달샘,
꽃잎도 떨어지고 낙엽도 떨어지고,
오가다 떠도는 꽃잎,
뛰어들지 않을까.

구름도 떠가다 발 멈추어 서고,
바쁜 새도 가다가 노래 부르며,
안타까운 내 마음에,
그림자를 지우네.
애처로운 내 마음, 맑은
작은 옹달샘.
(1954년)

# My Mind 2

Flower falling, leaves falling,
My mind is a valley spring.
Perchance shall the drifting flower
Jump into the spring?

Even a wandering cloud pauses to watch,
While a singing bird,
Shedding a shadow over my despondent mind.
Pitiful, my mind,
The small yet clean spring.
(1954)

## 직지사

황악산 골짜기,
흐르는 개울물,
흐렸던 내 마음을
맑게 씻어내네.
산사의 수도승,
그 참뜻을 알리라.

황악산 넓은 골,
새소리 잦아지고,
솔새로 스민 달빛,
실같이 드리웠네.
대웅전 청기와장,
천년 꿈이 어리네.

황악산 오경인데,
묏새들 꿈을 꾸네.
터져라 북 치는 소리,
속세에 서린 영혼이

긴 잠에서 깨어나네.
(1954년)

# Jikji Temple

In a Mount Hwangak valley,
Cleaning my grimy mind
With flowing waters of a stream,
I understand a monk's asceticism.

Sounds of birds chirping dwindle
In the valley of the Mount,
That moonlight fills but dimly,
Seeping between the pines.
In the blue tiles of the main hall,
Old dreams are imbued.

At the crack of dawn,
While birds still dream,
Loud drumming awakens
A soul grimy with secularism
From a long slumber.
(1954)

## 나의 벗, 창덕

어버이 여읜 어려운 살림이구려.
살겠노라 헐떡이던
창덕이 어린 가슴,
복잡한 만상의 세계가
번쩍거린다.

용솟음쳐 오르는 만상,
다시 죽 솟구쳐 버린다.
그의 눈은 초점을
잃고 말았다.

눈에 상처 입은 잠자리처럼,
두리번거리던 그의 눈,
안개가 끼고,
만상이 일던 그의 가슴,
서늘히 바람이 일었다.

나의 벗, 창덕,

웃고 있다, 노래하고 있다,
혼자서―
(1954년)

# My Friend, Ch'angdok

A poverty-stricken orphan,
Ch'angdok made every effort
To ride out the waves of hardship
That flooded his heart.

As adversity raged harder,
His focus faded, a victim to the tough times.

When he gazed around,
Like a dragonfly with an injured eye,
Fog floods his sight,
And cold wind pierces his heart
Infiltrated by hardship.

Ch'angdok, my friend, smiles
And sings
Alone.
(1954)

## 졸업

어언 삼 년,
훈풍 추상 몇 차례더냐.
길 물어 찾던 때가
어제인 듯하건만,
세월은 빠르게,
저 멀리 달아나고 있네.

졸업장 한 손에 말아 쥐고,
금잔디 푸릇푸릇,
고운 뒤뜰 돌아설 때,
내 마음 한량없이 슬펐네.
다시 못 올 그 뒤뜰.

봄풀이 말하는가,
뒤뜰이 말하는가,
착하신 우리 스승,
문밖에 따라나서 말이 없네.
이 몸도 뒤돌아보고,

다시 고개 숙였네.
(1954년)

# Graduation

Three years have passed
Since I entered these gates
Asking for directions.
Time flies by.
It seems just like yesterday.

Seizing my diploma in one hand,
Leaving the garden, green with grass,
My heart breaks,
This garden I cannot return to.

Has the spring grass said a word?
Has the garden spoken up?
Our respected teacher
Quietly follows me out of the gate,
Looking back to him, I bow.
(1954)

# 청노루

우렁찬 산울림, 청노루 고함 소리,
뻔지르르, 길기도 하네, 뒷다리.
떠도는 구름 보고, 뛰어가네,
모둠발로 뛰노네, 계곡을 넘어
청노루 힘찬 발, 마구 뛰노네.

# Roe Deer

Roe deer roars, mountains echo,
Its hind legs, long and glossy,
Springing up,
With a glance at a floating cloud.
With powerful legs, gathered side by side,
Leaping over the valley,
With vigorous and energetic legs,
Roaming wherever it desires.

## 정녕 님은 갔으나

기러기 우는 저녁에,
뒷산 솔 밑에 서서,
앞산 마루 성황당 길을
바라보나니,
구름만 은은히 둘려 있구나.

세월은 물처럼 흘러갔건만,
어이하여 나는 옛날을 못 잊어 울고 있나.
그리운 내 님은 정녕 갔으나,
이 저녁에도, 내 안에서 숨 쉬고 있네.
(1954년)

# My Lover Gone, No Return

An evening when geese cry out,
I stand under the pine in rear hill,
Staring at the hillside road to the village shrine
Where only clouds dimly circle.

The days have run their course,
And then, why do I still cry for the past?
Though my lover is gone, no hope of return,
She still breathes into my heart this evening.
(1954)

## 가야산 해인사 대웅전

웅장한 대법당,
황룡이 여의주 물고,
이끼 낀 청기와
천년 꿈 새로운데,
풍우 심술이구나,
퇴색 단청, 애석해라.

긴 천년 그 풍상에도,
한마디 말씀 없이,
세존님, 눈 반만 뜨고,
가는 미소 지으시네.
속세의 뜬 손이 참배하러
왔나이다.

세존님, 자비 베푸시어,
영락으로 저를 보내주오.
속세에 저린 옷깃, 씻고자 하나이다.
비나니, 굳게 닫힌 영락문 열어,

어서 넣어 주소서.

# Main Hall at Haein Temple in Mt. Kaya

In the splendid Hall,
A brown dragon with a magic stone in its mouth.
Mossy blue tiles,
Old dreams are reborn.
Ah, winds and rains have tarnished
Paint on the building.
Such a pity.

Thousand years of wind and rain,
Without any words of privations,
Buddha, narrow eyed, lightly smiles.
I say "I come to worship at the Temple."

Buddha, oh merciful.
May you send me to Paradise.
Desperate to cleanse my clothes stained in secularity.
Pray open these firmly closed doors to Paradise for me.

## 원당암 새벽

해인사 새벽 종소리,
뜬 손이 잠을 깨어,
그 소리 손꼽아 헤아리며,
깊은 묵상 하나니,
이십 년생 영혼이 종소리와
함께 흐르노라.

# Dawn of Wondang Hermitage

Haein Temple bell rings at dawn,
Awaken from a deep sleep, I meditate,
Counting the number of tolls.
My soul, twenty years old,
Flows together with the sound of the bell.

# 가야산

대가야 붉은 단풍,
점점이 빛이 나고,
그윽한 홍류(紅流) 계곡,
흐르는 물이 차구나.
알려다오, 금강산이 어디인가.
여기가 그곳인가 하노라.

스님이 치는 목탁,
새들이 화답하고,
새소리 자지러들자,
구층탑 풍경이 운다.
좋구나, 금강산이 다 무엇인가.
여기가 영락계(永樂界)인가 하노라.

# Mount Kaya

Red leaves in the mountain
Illuminated here and there.
Red stream in the valley,
Frigid flow of water.
Say, where is Mt. Kumgang?
Here, this is Mt. Kumgang.

As a monk beats the wood block,
Birds chirp in sync.
As the chirping dies away,
The bell on the pagoda tinkles in the wind.
What is the greatness of Mt. Kumgang?
Here, this is Paradise.

## 홍류 계곡

가야산 홍류 계곡,
씻고 바래 흰 계곡,
최치원, 망국 한에
눈물짓던 이 계곡,
물결에 세월 실리고,
눈물 또한 흐른 개울.

파랗게 흐르다가,
하얀 눈처럼 흩어지고,
다시 파란 이 물결.
망국 한에 물 흘러, 철썩,
소리치며 우는구나.

오래오래 흘렀으리라,
오래오래 흐를 물결.
나뭇잎, 꽃잎,
종소리 여운 따라,
멀리멀리 흐르리라.
(1955년)

# Hongryu Valley of Mount Kaya

Hongryu Valley of Mount Kaya,
Faded, white-washed valley
Where Ch'oe Chiwon wept,
Over the ruin of his country.

Flowing blue then,
The waves scatter in white like snow.
Again, yet again.
The water cries out,
Evoking Ch'oes tears over the ruin of his country.

The water has flowed forever.
Leaves and flowers have floated away
Along with the waves.
Today, the water still flows far,
Following the lingering sound of a bell.
(1955)

# 밤 가로등

안개 내리는 포도(鋪道),
밤 가로등,
오늘도 껌벅껌벅,
졸고 있네.

무덥던 날,
바람에
단발머리 나풀거리며,
수줍어했던 소녀,
복사꽃 피어 있던 그날,
정녕 오 년 전의 일이던가.

밤마다,
저 가로등과 마주하여,
새카만 하늘의 별을 헤아리며,
한 켜 두 켜 쌓아온 나이테,
나무 사이로 동 터 오른다.
(1955년)

# Street light at Night

On the foggy asphalt road,
The street light, even tonight,
dozes off.

A shy girl with a bob
Hair fluttering in the wind,
On that terribly hot day
When peach blossoms fully bloomed.
Was that only five years in the past?

Facing that light every night,
Counting the stars in the blackest sky,
One by one, I pile up the tree rings,
As dawn breaks between the branches.
(1955)

## 님은 가고

그리운 님,
왔다 이미 떠나고,
나 홀로 우네.

구름 아래 오랑캐꽃,
빛을 여위고,
무더운 바람,
버들가지에
목이 메네.

아, 그대 떠나가고,
봄은 왔건만,
나 홀로 활기를 잃네.
(1955년)

# My Love Gone

My love
Has come and gone already.
I cry alone.
Under the shadow of cloud,
Hiding in the gloom,
Violet weeps

And sultry wind chokes on its tears,
Leaning on the willow branch.
Ah, you have gone.
Spring has arrived,
But I alone lose my vitality.
(1955)

# 귀로

지게 지고 노래한다,
웃지를 마소.
봄날에 일하다 돌아온다오.
오솔길 두렁 밑의 쑥 내 맡으며,
옷가지 훈풍에 내맡겼다오.
"아리랑, 아리랑—
정든 님, 얄미워라, 소식 없어도.
노고지리 한 곡조에 흥이 절로 나는구만"
지게 지고 노래한다,
웃지를 마소.
옛날의 시선(詩仙)들도
이렇게 한평생 살았다 하오.
(1955년)

# Return Home

Carrying the A-frame on my back, I sing.
Pray do not mock me.
On the way back from work,
The scent of mugwort floats by me,
Letting my clothes flow in the warm wind.

"Arirang, Arirang——
Regretful, I hear no news from my beloved.
But the melody of Skylark gives me much joy."

Carrying the A-frame on my back, I sing.
Pray do not mock me.
The master poets of long past lived
Just this way, too.
(1955)

# 나비도, 제비도 없으리라

낙동강 백사장에
물새 한 쌍.
넓은 벌에 봄빛 짙고,
밭매는 아낙네들,
얘기도 많다.

나비는 꽃 찾아 꽃밭에 놀고,
제비는 물 차며 물가에 노나니,
꽃도 물도 없을 때는,
나비도 제비도 없으리라.

# Neither Butterflies Nor Swallows

A pair of water birds
On the white sands of Nakdong River.
A feel of spring and working women chatting
On the wide field.

Butterflies play in fields searching for flowers,
And swallows play with water at shore.
When there are neither flowers nor water,
There are neither butterflies nor swallows.

## 슬픈 여인

옛날 한 여인,
산기슭 오막에 울며 살다,
지쳐 죽은 혼,
소쩍새 되어,
오늘도, 그리워,
울고 있단다.
(1955년)

# Lady in Grief

Long time ago,
A woman lived as a hermit
On the foot of the mountain.

Missing her dearest, she cried herself to death
And her soul became a screech owl
Who still cries,
Missing her dearest.
(1955)

## 장꿩은 왜 울고 있나


봄이라 아지랑이 아롱아롱 피는데,
장꿩은 무슨 일로 울면서 가나.

봄이라 잔디밭에 꽃이 피는데,
장꿩은 무슨 일로 울면서 가나.

봄이라 산천은 한가로운데,
이별의 노래에 눈물이 나네.
(1955년)

# Crying Pheasant

Spring arrives with heat haze shimmering,
Why does the pheasant cry?

Spring arrives with flowers blooming,
Why does the pheasant cry?

Spring arrives and mountains and rivers are peaceful,
With a farewell song, I weep, though.
(1955)

## 달도 머무릅니다

달이 너무 밝아 창을 열었습니다.
뻐꾸기는 뒷산 소나무에서 슬피 우는데,
나는 끝없이 노래를 부릅니다.
달도 내 노래에 머무릅니다.

뻐꾸기 울음에 세월은 가고,
가도 가도 한결 외로운 사람,
달도 머물러 같이 갑니다.
(1955년)

# Moon Lingering

Moonlight, so bright,
I open the window.
A cuckoo mourns somewhere.
In the pines of the rear hill,
I sing endlessly.
Moon lingers, listening to my melody.

While the cuckoo cries,
Time goes on.
Though lonely, I keep going.
Moon lingers to go along with me, too.
(1955)

# 꿈

놀란 마음, 잠 못 이루어,
창밖에 나와 보니,
별은 숨어 있고.
하늘도 내 마음 같아,
흐려 침침하구나.

새벽녘에 든 잠에,
꿈속에서 만난 님,
반가워라.
그대도 그리웠노라,
목메어 울더이다.

꿈이 생시인 줄 알았지만,
아침에 눈을 뜨니,
울던 님 간 데 없고,
뒤뜰의 뽕나무 잎에,
이슬비만 내렸구나.

정이 진정이라면,
그대인들 무심하랴.
꿈속에 찾아와서,
날 깨우고 갔단 말인가.
가실 때 슬픈 눈물,
뽕잎에다 지웠는가.
(1955년 8월 28일)

# Dream

Nervous, sleepless,
I look out the window.
The stars are hiding.
Even the sky filled with clouds,
In sympathy with me.

At last, asleep at dawn,
In my dream
I see my lover, joyful,
Who but cries
Missing me.

I thought my dream was real.
Awaken in the morning,
Alas, she has gone
And only a drizzle falls
On the mulberry leaves in the backyard.

If love is true, she cannot
Hide her feelings.
In my dream,
She came to wake me up
Only to disappear?
Fading away,
Did her sorry tears fall not
On the mulberry leaves?
(August 28, 1955)

# 광인

세상 사람들아,
저 미치광이 좀 보소.
산촌의 도령이 미쳤네.
누군가 말하지만,
그는, 고달픈 세상사를
비웃고 있는 것일 뿐.
(1955년 10월)

# Madman

Everyone, please

Look at that madman.

A young man from the mountain village is mad.

Some say however

He just laughs at a troubled world.

(Oct, 1955)

## 팔자

누군가 말하네,
"당신 팔자 좋네요."
들길에 방황하는 남자,
한숨 내신 뒤 한마디,
"팔자는 팔자려니와,
가슴 아픈 팔자라네."

# Fortune

A passer-by says,
"You have good fortune"
A wandering man in the field,
With a long sigh,
He responds,
"I was born hapless."

## 화무십일홍(花無十日紅)

세상사 춘몽이라,
꿈 깨면 그만인데,
꿈속의 소망이라니.
하, 피곤한 일상!
꽃잎 떨어지네,
한 잎 지고, 또 한 잎.
화무십일홍(花無十日紅)이라.
(1955년 10월)

# Every Flower Will have a Fall

The world is in a springtime dream,
Alas a dream! All vanishes.
Wish in a dream is but an illusion.
How weary is life!
The flowers fall one by one.
The world is in its springtime dream.
Every flower will have a fall.
(October, 1955)

## 화축

낙동강아 흘러라,
유구(悠久)히 흘러라,
국화 향기 새뜻한데,
외기러기 짝지어라.

황촛불 더 밝게 밝혀라.
청실홍실 더 엉키게 두어라.
오늘은 그대 위해 마련한 날,
천지도 응수하여 안온하도다.
(1955년 11월 5일)

*나의 친구, 한상배 군의 화축에 부쳐.

# Wedding

May the Nakdong River flow,
Flow forever.
May a single goose find a mate,
Sweet fragrance of chrysanthemum.

Light the candle brighter.
Let the blue and red threads get more entangled.
Today is a day made for you.
Peacefully, Heaven and Earth respond.
(November 5, 1955)

note: Celebrating the wedding of Han Sangbae, my friend.

## 못 잊어 울겠지요

못 잊어 웁니다,
이 한밤 내 마음.
세월이 우리를 갈라놓았지요.

서리 맞은 귀뚜라미도 웁니다.
서늘한 초가을이 그립겠지요.
구르는 낙엽도 울며 가네요.

못 잊어 웁니다,
아, 이 한밤, 내 마음.
산기슭 산새도 울고 있네요.
못 잊어 울겠지요,
이 한밤, 모두들.
(1955년 11월 14일)

# Unforgettable, They All Cry

Unforgettable, this night,
My mind cries.
Time has divided us.

Even the frost-bitten cricket cries,
Missing the cool days of early Autumn.
Even the teary leaves roll by.

Unforgettable, this night,
My mind cries.
At the foot of the mountain, birds also cry.

This night,
Unforgettable, they all cry.
(November 14, 1955)

# 님

님은, 고요한 님은,
잠자는 호수라오.
님의 말씀은,
이우는 꽃밭에 가랑비라오.
님의 뜻은,
새파란 날선 비수라오.
아니, 가뭄에 흐르는
샘물이라오.
(1955년 11월 25일)

*대구농고 이장수 교장 선생님의 회갑에 그의 학자로서의 품성을 노래하다. '샘물'은 농고의 전통 있는 신문.

# Dear Schoolmaster

Dear Schoolmaster,
You are solemn, a sleeping lake.
Your speech is a drizzle sprinkling
A dry flower bed.
Your will is a poignant dagger,
Nay, a spring flowing amidst a drought.
(November 5, 1955)

note: This poem is dedicated to the 60th birthday anniversary of Mr. Lee Jangsu, schoolmaster of Daegu Agricultural High School. "Saemmul(Spring Water)" is a school paper of Daegu Agricultural High School.

## 잔 들고 남산과 마주 앉다

잔 들고 남산과 마주 앉으면,
일체(一切)는 아스라한 미련이구나.
술잔은 자꾸만 옛날로 가자건만,
수려한 자태, 남산은 말이 없구나.
마음은 온통 울고만 싶다.
(1955년 12월 4일)

# Drinking A Glass of Wine

Facing Mount Namsan,
I drink a glass of wine.
Troubled world means
A vague sense of regret.
The glass of wine insists
On returning to the past.
Yet, Mount Namsan is silent.
My heart only wants to cry.
(December 4, 1955)

# 남도 삼백 리

1
활짱같이 굽은 길은 어디로 가나,
길 따라 내줄 곳까지 가고 싶구나.

아스라이 굽어 도는 희미한 길,
남도 땅 영산으로 뻗어난 길.

산마루 구름 돌듯 가고 싶지만,
그림처럼 바라만 보는 남도 삼백 리.

2
강줄기 휘돌아 칠백 리 굽이,
남도 땅 영산으로 흐르는 굽이.

강나루 동락이라 오가는 배여,
물길로 칠백 리 날 데려다주오

아뿔사, 실언한 것일까,

죄를 지은 것일까.

아스라이 보이던 배가 숨어 버렸네,
물결도 잠잠하구나.

3
산마루 구름 돌듯 가고 싶지만,
그림처럼 바라만 보는 남도 삼백 리.
(1955년)

# 120 Kilometers to the South

1
Bending like a bow, where does the road lead?
I want to go to the end of it.

Road, dimly curved,
Stretches southward toward Yongsan.

Oh, I want to traverse the mountain peak like a cloud,
Yet, 120 km to the South is only but a picture.

2
The river wiggles along for 280 km,
Bending and weaving, southward toward Yongsan.

Oh, the boats coming and going from Donglak Ferry,
Take me along 280 km by water.

Ah, was that a slip of the tongue?

Have I committed a sin?

Suddenly, the boat disappears from view,
Even the waves are silent.

3
Oh, I want to traverse the mountain peak like a cloud,
Yet, 120 km to the South is only but a picture.
(1955)

## 물은 흘러갔기에

낙동강 물세 따라
봄도 가고, 님도 가고,
정만 남아 물 위에 출렁이네.
가는 봄을 불러 세울까.

아니, 물세 따라간 사람,
바라질 마소.
물세가 거슬러 올 리 있으랴.
정만 남아 물 위에 출렁이네.

# Gone Water

Along with the waves of Nakdong River,
Spring gone, My Love gone.
My heart lingers on the water.
Shall I ask Spring to stay awhile?

Nay, those already gone
Along with the waves.
Those will not return.
My heart lingers on the waters.

## 밤길, 꿈길

장마 갠 황토 물에 애들은 떠들고,
나 홀로 덕곡산만 바라보고 있나니,
흰 구름, 산허리를 돌아가면서,
한마디 이렇다 말이 없네.

간밤에 날 찾아 잠 깨우고,
베개에 눈물짓고 떠나간 사람.
밤 타고 삼백 리를 그리도 오가더니,
청명한 이 낮에는 어찌 못 오는가.

오늘은 올까, 어찌 믿으랴.
밤길은 간밤의 깊은 꿈속에서 뿐인가.
내 마음 허공을 잡고 운다.
(1956년)

# Night Road, Dream Road

After the monsoon, boys chattering in ochre waters
And I, absentminded, look on Mt. Dokkok.
A white cloud swirls around the waist of the Mount
With no words to speak.

She comes at night, awakening me
But departs, leaving her tears on the pillow.
Often at night she crosses a great distance to visit.
On this clear day, why does she not come to me?

Will she come today? How can I believe?
Are her night-time visits only a part of my dreams?
Seizing empty air, my soul cries.
(1956)

# 심란

바람이 나뭇가지에,
걸려 있네.
언제인가,
이 옹달샘에,
조그만 꽃잎이 떴었지.

오늘은, 가끔 이는 바람에,
낙엽이 어지러이 떨고 있네.
샘가 잡초들이
바람결에 흐느끼네.

뽀얀 먼지가 이네,
물결이 미쳐가고 있네.
(1956년 1월 23일)

# Unsettled

The wind is hung up on branches.
One day,
A little petal was floating
On this small spring.

Today,
As the wind often rises up,
Leaves shiver here and there
And weeds by the spring weep.

As the dust cloud blows by,
Waves have gone insane.
(January 23, 1956)

# 님은 갔습니다

님은 갔습니다.
노송 드리운,
휘 굽은 이 길로,
말없이,
애타는 마음 그냥 두고,
떠났습니다.

공들여,
파고 만든
옹담 못,
땀 흘려 지어 놓은
통나무 배,
모두 풀섶으로
덮어두고,
떠났습니다.

정원에 복사꽃,
뚝뚝 지는 봄,

들새도 한 마리
찾아 들지 않는데,
오늘은 모두 깃을 달아,
하늘에 기폭(旗幅)을 날립니다.

# My Sweetheart Has Gone

My sweetheart has gone,
Along the winding road
Under the shadow of old pines,
Left without a word,
Leaving a longing heart.

A pond built with great care,
A log boat built with sweat,
She covered it all with grass
And then left.

In the Spring garden,
Peach flowers fall one by one,
Not even a single bird comes.
Today, I make a flag with the feathers
To fly it high in the sky.

# 흔적

그대는 가셨지요,
진주알처럼
빛나는 끝없는 모래밭.
물새처럼 앉았던 그대,
그대는 가셨지요.

모래 한 움큼,
움켜쥐던 그대,
그대는 쥐다 말고,
살포시 일어나셨지요.

모래 위에 새겨진,
앉은 자국,
오늘도 잊을 길 없어,
아련히
옛 실타래를
하나하나 풀고 있네요.
(1956년 2월 8일)

# Traces

You are gone.
Shining like a pearl,
The sand is endless,
Sitting still as a bird,
Then you are gone.

You grabbed a fistful of sand
But then gently rose up.

Imprints on the sand from where you sat,
Even today, how could I forget?
Faintly, I unravel the old skein
One by one.
(February 8, 1956)

## 봄맞이 가자

봄맞이 가련다.
봄맞이 가자.

산으로 들로 냇가로,
우리 모두 봄맞이 가자.

정든 님, 나귀 등에
봄 싣고 저 산 넘어온다지.

아름다운 내 건너,
우리 모두 봄맞이 가자.
(1956년 3월 30일)

# Let Us Welcome Spring

I will welcome Spring.
Let us welcome Spring.

To the mountain, the fields, the stream,
Let us all welcome Spring.

With Spring on the back of a donkey,
My lover is coming over the mountain.

Crossing the pretty stream,
Let us all welcome Spring.
(March 30, 1956)

# 소녀

폭탄 터진 날,
어머님과
바꾸어 가진,
한 소녀 있었네

하지만, 지금, 나는,
이리도 그리도,
냉가슴 앓고 있네.
시계와 월력 있는 방,
기다림이 괴로워.
(1956년 4월 21일)

# The Girl

The day when the bomb exploded
My mother passed away.
I met a girl in her stead.

Yet, now,
So much suffering from hidden pain.
In a room, watching the clock and calendar,
I'm tired,
Expecting her every moment.
(April 21, 1956)

# 돛단배

한없이 애달픈
나의 청춘,
운명의 돛단배.
그 숱한 날들,
안개에 가리고,
썰물에 밀리고,
파도에 치이고.

이제 밀물을 만나,
물새들과 함께 떠난다,
운명의 돛단배.
파란 돛을 내걸고,
진주 섬을 찾아,
나침반을 놓는다.
(1956년 6월 6일)

# Sailboat

My heartbreaking youth,
A sailboat of destiny,
Shrouded in fog for countless days
Tossed by the ebb tides,
Thrown by the waves.

The sailboat of destiny now,
Hoists the blue sails,
Alongside the water birds at high tide,
Sets its compass,
In search of Pearl Island.
(June 6, 1956)

# 정열

가로수 플라타너스,
넓은 잎새 위에,
석양이 남은 정열을 퍼붓는데,
가시 울타리 너머,
진주처럼 빛나는 능금은
남은 정열에 겨워,
바람에 몸을 비빈다.
(1956년 10월 11일)

# Passion

The setting sun pours out its remaining passion

On the leaves of the platanus

Standing tall along the avenue.

Glittering like a pearl,

Over the thorny fence,

The apple tree sways against the wind,

Under the throes of passion.

(October 11, 1956)

**시인의 노트**

## 시집을 추리고 나서

   지난날을 더듬으며 묵은 원고지를 뒤지며 하나하나 추려 놓으니, 이제 나의 시작(詩作)도 하나의 체계가 선 시집이 되었다는 느낌에 후련하다. 후련하기도 하려니와 일면(一面) 옛날로, 옛날로 달음박치는 마음 겉잡지 못하겠다.

   나는 옛날부터 이 고을에서 제법 명문 소리를 듣던 집안의 3남 1녀의 막내아들로 태어나 멋모르게 자랐다. 17세에 어머님을 여의고, 수재라 일컬어지던 중형(仲兄)마저 공산군에게 납치되어 가서, 천지가 캄캄했다. 그때 한 소녀와의 연연(戀戀)한 사랑으로, 그날그날 울며 그리며 "기러기 우는 밤"… 그 긴 밤을 다 지내고, 밤이 새고 나니, 다시 외로운 몸, 외로운 혼인 '고혼(孤魂)'을 만선미호(萬善美好)하신 천주님께 맡기고 오늘날까지 와서 잔뼈 굵어 어느덧 28세. 6·25 사변도 어느덧 십 년 전의 옛

얘기가 되고 말았다.

  끝으로 영원히 나의 노래가 되어주려던 그 소녀에게 천주님의 강복을 빈다. 아울러 고객(故客)이 되신 어머님과 작은형수[仲嫂]의 명복, 그리고 작은형[仲兄] 및 나의 은인(恩人)들에게 두루두루 주의 은혜를 빌며, 필을 놓는다.

1961년 4월

김교홍

**해설**

# 상실의 시기

홍승기(역사학자)

### 시인과 시집과 시

김교홍(1934-2020)은 구미의 농민운동가, 문화운동가, 저술가였다. 그는 구미에서 나고 활동하다 그곳에서 타계하였다. 그는 1958년 대학을 졸업하고, 그 뒤 1960년대에서 1979년대에 이르는 시기에, 한국가톨릭농민회의 창립을 주도하였고, 신용조합 운동에도 앞장섰다. 1980년대에서 1990년대에 걸쳐서는 그가 구미문화원 원장으로서 지역문화의 진흥과 발전에 크게 기여하였다. 구미문화원장에서 물러난 그는 1996년 구미예절원을 창립하였다. 그는 그 원장으로 취임하여 2020년 타계할 때까지, 유교 문화의 진작을 위하여 교육과 저술 활동에 진력하였다.

김교홍은 그가 타계할 때까지 수백 편에 이르는 시를 썼다. 현재 간행위원회에서 그가 남긴 육필 시고를 정리하고 있다. 그 가운데 정리된 시 42편을 모아 시집 『기러기 우는 밤』을 출간하기에 이르렀다. 시집에 실린 42편은 1952년에서 1956년에 이르는 5년 동안 쓰였다. 그사이에 그는 육이오 전란도 겪었다. 김교홍의 일생에서 보면, 이 시기는 그의 18세에서 22세에 이르는 청춘 시기이다. 별로 재주도 없는 내가 간행위원회의 청을 물리치기 어려워 김교홍 시집에 실린 그의 초기 작품을 해설하는 소임을 맡게 되었다. 다음에 보이는 나의 해설의 글이 독자의 이해에 조금이라도 도움이 되기를 바란다. 김교홍의 시 42편을 주제별로 나누어 보면 다음과 같다.

  어머니/형제 4, 친구/우정 2, 스승 2, 나라 사랑 2, 농민 1, 자연/풍광 1, 수행 3, 자유 2, 고독 1, 풍자 1, 비애 1, 허무 1, 영정 1, 사랑 20

  김교홍이 시를 써서 관심을 보인 주제는 다양하다. 10대 후반에서 20대 초반의 청년이라면 누구라도 관심을 보일만한 주제들이다. 따라서 김교홍의 관심 주제의 다양성이 그만의 특이성이라고는 말하기 어렵다. 10대 후반 이후가 되면 인간은 성인이 되어 부모에게서 독립하게 마련이다. 이 무렵부터 인간은 사랑에 빠지게 되는 최적의 시기를 맞게 된다. 김교홍이 사랑에 지대한 관심을 보인 것은 자연스럽다. 김교홍이 성인이 된 뒤인데도 여전히 가족에 큰 관심을 지닌 것은 그에게 그럴만한 이유가 있어서였다. 그 점에 관해서는 설명이 필요하다.

### 상실의 모티프

인간의 사랑에는 세 개의 유형이 있다. 부모·자식 간의 사랑, 남녀의 사랑, 그리고 보편적인 사랑이 그 셋이다. 보편적인 사랑은 고등 종교에서 말하는 사랑과 문학 등 예술에서 중시하는 인도주의적 사랑이 그 대표적이다. 보편적 사랑은 동물과 구별되는 존재로서의 인간에 대한 사랑이다. 그것은 열렬한 사랑이기보다는 따스한 사랑이다. 열렬함은 남녀의 사랑의 특징이다. 남녀의 사랑은 그러나 상대적이다. 영원하거나 불멸하거나 하는 사랑은 남녀 사랑에 없다. 그것은 단지 그 영원을 담은 문학 작품 속에서나 존재할 뿐이다.

영원한 사랑, 불멸의 사랑은 가족 사랑에서 찾아볼 수 있다. 가족 사이의 사랑 가운데서도 부모의 자식 사랑에서 만나 볼 수 있다. 자식의 부모 사랑에는 그것이 없다. 어느 문명사회에서건 자식의 부모 봉양을 강조하여 온 것은 그러한 이유에서이다. 부모의 자식 사랑은 본질에서 동물적, 본능적, 자연적, 절대적 사랑이다. 반대로 자식의 부모 사랑은 문명적, 사회적, 인위적, 상대적 사랑이다.

　인간은 부모, 그 가운데서도 어머니의 절대적 사랑을 오랫동안 받고 자라도록 진화해 왔다. 김교홍은 그런 어머니의 절대적 사랑을 잃었다. 어머니가 육이오 전쟁 중 1950년 8월 16일 폭격으로 사망하였기 때문이다. 같은 무렵 전쟁 중에 작은 형도 납북되었다. 이러한 가족의 비극은 그의 여러 시에서도 간간이 시사되어 있다(가령, 「아지랑이 춤추어도」, 「소녀」, 「봄비」, 「여름비」, 「밤하늘에 별 셋」 등).

　어머니가 사망하였을 때 김교홍은 16세였다. 16세의 나이가 어린 나이는 아니다. 그러나 그것이 성인의 나이도 아니다. 그가 받은 충격은 말로 형용하기 어려웠을 것은 말할 나위가 없다. 게다가 그 자신도 다른 형제들과 함께 낙동강 전투의 결전장 한복판 구미에서 목숨을 운명에 맡기고 인민군의 수색을 피하여 지하에 숨어 지내고 있었다. 구미의 인접 고을 김천에 인민군 전선사령부가 있었다. 인민군은 사력을 다하여 낙동강 방어선 돌파를 시도하고 있었다. 아군은 폭격기를 동원하여 왜관과 구미 일대에 포진하고 있는 적을 섬멸하기 위해 사상 유례가 없는 융단 폭격을 감행하였다. 그 폭격에 어머니가 희생된 것이다.

　전쟁의 공포와 맞물려 어머니의 폭사는 16세의 소년으

로서는 감내해 내기 어려운 고통이었을 것이다. 김교홍이 그나마 그의 절망감을 딛고 일어날 수 있었던 것은 그에게 한 소녀의 사랑이 있어서 가능하였다. 그가 어떻게 소녀와 만나 사랑에 빠졌는지는 잘 알 수가 없다. 다만 그의 시를 통하여 몇 가지는 짐작해 낼 수 있다.

그가 1955년에 쓴 시 「밤 가로등」의 제2연에, "무덥던 날/바람에/단발머리 나풀거리며/수줍어했던 소녀/복사꽃 피어 있던 그날/정녕 오 년 전의 일이던가"라고 있다. 그가 1956년에 쓴 시 「소녀」의 제1연에는, "폭탄 터진 날/어머님과/바꾸어 가진/한 소녀 있었네"라고 있다. 이 시를 참고하면, 김교홍이 소녀를 처음 만난 것은 전쟁이 일어나기 전 "복사꽃 피어 있던" 1950년 초봄의 어느 날이었다. 그 뒤 전쟁이 일어나 8월 16일 어머니가 폭사하자 그 시기부터 그 소녀가 "어머님과 바꾸어 가진" 그의 연인이 되었다.

둘 사이의 사랑에 금이 간 것은 1953년 어느 때였다고 보인다. 1953년에 쓴 그의 시 「봄비, 여름비」에 "떠나간 소녀"라는 말이 처음 나온다는 점에서 그러하다. 둘 사이의 사랑은 2~3년 지속되었다. 그동안 그 소녀의 사랑이 어머니의 폭사로 절망에 빠진 김교홍에게 적지 않은 위안이 되었을 것이다. 무엇 때문에 둘의 사랑이 깨졌는지는 알 수 없다. 어쨌든 그 소녀는 그를 떠났다. 김교홍이 실연을 당한 것이다. 그것은 그에게 엄청난 충격이었다.
 모친의 사망과 실연은 가장 사랑하는 이가 사라졌다는 뜻이다. 사랑의 보호막이 거두어졌다는 뜻이다. 이것을 몸소 겪는 사람은 일생일대 최대의 상실감을 마주하게 마련이다. 김교홍이 1952년에서 1956년에 이르는 5년 동안 쓴 시는 거의 모두 그가 겪은 이와 같은 상실의 모티프를 바탕으로 쓰였다고 보아도 무방하다. 그 5년간은 그의 일생에서 청춘의 시기였고 상실의 시기이기도 하였다. 이 시집의 시는 그의 상실의 시기에 겪은 실연의 아픔에 대한 증언의 운문이다. 그것은 그 상실의 시기에 겪은 실연의 아픔을 딛고 나선 그의 고백의 서사이기도 하다.

**설렘, 그리움, 기다림**
 남녀가 사랑에 빠지면 남녀는 서로의 합일에 대한 욕구를 가진다. 그 욕구에는 설렘, 그리움, 기다림의 세 가지 증상이 수반한다. 남녀 사이의 사랑은 서로의 합일을 추구하는 과정이다. 합일이 이루어지게 되면 합일의 욕구가 충족되고 그에 수반하는 설렘과 그리움과 기다림의 증상도 잠재워진다. 그 대신 환희와 행복과 찬미의 결실을 얻게 된다. 그러나 남녀의 사랑이 언제나 어디서나 이러한 환희를 구가할 수 있는 것은 아니다. 사랑하는 연인들도 서로 떨어져 살아야 하는 경우는 비일비재하다. 그럴 때는 설렘과 그리움과 기다림의 증상이 다시 드러난다.

여러 경우 가운데 가장 안타까운 것은, 남녀 가운데 어느 한쪽이 여전히 사랑하는 이를 남겨 두고 혼자 그의 곁을 떠날 때이다. 이 경우에, 남아 있는 연인은 어떠한 상황이 되는 것인가. 원론적으로 말하면, 그 사랑은 그 순간에 끝난 것이다. 남녀 가운데 어느 일방이 떠나면 남은 이도 그 뜻에 따라야 마땅하다. 사랑은 쌍방적인 것이기 때문이다. 일방적인 사랑이란 없다. 쌍방적인 사랑의 관계가 끝나면 합일의 욕구도 그에 수반되는 증상도 둘 모두에게서 사라져야 이치에 맞는다.

그러나 이것은 인간의 속성을 모르고 하는 소리이다. 인간은 기계가 아니다. 인간에게는 감정이 있다. 그것은 지극히 복잡하고 미묘하다. 물론 드물게나마 사랑에 마침표를 찍고 훌훌 털고 일어나는 이도 있기는 하다. 그러나 더 많은 경우, 사랑하는 이가 떠나고 난 뒤에 남아 있는 이는 눈물을 흘리면서 방황하게 된다. 그는 떠나간 연인을 설레는 마음으로 그리워하면서 기다린다. 김교홍의 경우가 그러한 예이다. 그의 사랑 시의 대부분이 설렘과 그리움과 기다림으로 물들어 있다.

### 인간적인 것

김교홍, 그의 연인은 떠났다. 그와의 사랑도 끝났다. 환희와 행복과 찬미도 사라졌다. 그 자리를 메우는 것은 비통과 불행과 원망이다. 이것은 객관적인 사실이다. 누구도 이 사실을 부정할 수 없다. 시인도 예외가 아니다. 그러므로 시인이 비통과 불행과 원망을 노래하는 것은 당연하다. 그가 사랑의 종말을 인정하고 있다는 점에서 그러하다.

그런데도, 그는 다른 한편으로, 미련을 떨쳐내지 못하고 떠난 연인을 그리워하고 기다린다. 그의 사랑 시 20편 가운데 이러한 유형의 시가 많다. 이것은 시인이 그의 사랑의 종말을 인정하고 있지 않다는 뜻이다. 실제로 일어난 일을 한편에서는 사실로 받아들이고, 다른 한편에서는, 받아들이지 않는 것은 모순이다. 이러한 모순을 뒤풀이하는 것은 현명하지 않다. 그렇게 하면 할수록 시인은 절망의 늪에 빠져들게 되기 때문이다.

바르게 판단하고 옳게 행동하는 것에 이의를 제기할 사람은 없다. 슬기롭게 행동해야 하는 것도 그러하다. 그러므로 그에 대한 비판은 정당하다. 그러나 그를 비난하기에 앞서 우리가 되새겨 보아야 하는 사실이 있다. 인간은 본래 동물의 반대어이다. 인간에게는 가치를 재는 잣대가 있다. 인간은 절대자의 반대어이기도 하다. 인간이

불완전한 이유이다. 인간은 한결같게 사고하고 행동하기가 어렵다. 인간은 잘못을 저지르는 일에서도 완전히 자유로울 수가 없다. 인간은 기계의 반대어이기도 하여 그에게는 감정이 있다.

　연인이 떠나 사랑이 종말을 고할 때, 남은 연인이 충격을 받는 것은 그가 인간이기 때문이다. 모순된 일을 반복하거나 슬기롭지 않은 일을 되풀이하는 것도 그가 인간이기 때문이다. 비통해하는 것, 그것도 그가 인간이기 때문이다. 시인이 그러한 인간의 참모습을 보여주고 있다. 시인이 시를 통해 보여주는 인간의 참모습은 가련하고 초라하며 헤매는 인간이다. 해설자가 시인에게 깊은 공감과 함께 진한 감동을 느끼는 까닭이다. 그가 모순되거나 현명하지 못한 행동을 되풀이하는 것을 보면서도, 해설자가 그를 탓할 수 없는 까닭이기도 하다.

**역설적 진실**

　불우한 인간을 보듬어 안으라고 지상에 문학이 있는 것이다. 가련한 인간을 사랑으로 품어 안으라고 천상에 신이 있는 것과 같다. 문학은 여러 문학적 배려와 기법을 가지고 서사를 꾸미며 위로의 메시지를 전하여 비탄에 빠져 울고 있는 인간의 눈물을 닦아준다. 김교홍도 시인으로서 그러한 임무에 소홀하지 않았다. 그도 끊임없이 서사를 지어 실연의 아픔을 치유하고자 노력하였다.

  물론 그의 시에도 묘사가 있다. 그러나 그가 더욱 중시한 것은 서사이다. 하나의 이야기를 서사로 꾸미며, 그것을 변화에 조응하여 이끌고 가는 역동의 힘이 거의 시 전편에서 느껴진다. 비근한 예 두엇을 직접 읽어보자. 그의 연인이 떠나갔다는 것을 처음으로 밝히고 화자가 슬퍼하는 심회를 표현한 시가 다음이다.

> 비산동 양지 녘에
> 금잔디 돋우는 봄비, 솔솔 비,
> 떠나간 소녀의 무덤 위에 내리는
> 봄비,
> 지나간 봄 달빛 아래
> 나 홀로 훌쩍이던 눈물이어라.
>
> 여름비, 궂은 비, 칠월 장맛비,
> 새미(新山) 양지 녘에
> 금잔디 누리는 칠월 장맛비,
> 어머니 무덤 위에 내리는
> 궂은 비,
> 서러워라, 영원한 이별의 눈물이어라.
>                       —「봄비, 여름비」

이 시는 제1연과 제2연의 두 개 연으로 구성되어 있다. 제1연에는 소녀와 봄비가 양축을 이루는 서사 구조를 지니고 있다. 소녀는 무덤에 묻혀 있으므로 죽어 있는 것이다. 무덤은 죽음을 뜻한다. 죽음은 모든 인간적 가치의 최후의 소멸/종말/상실을 뜻한다. 이 시에서 무덤은 연인이 떠나간 것이 초래한 소멸/종말/상실의 의미에 대한 비유적 상징으로 쓰인 것이다. 무덤은, 더 이상일 수 없는 슬픔의 의미까지도 함축하고 있다.
　봄비의 이미지는 그 반대이다. 봄은 소망/희망을 뜻한다. 봄과 비가 결합되어 있는 봄비는 더욱이나 희망적인 이미지이다. 봄비를 형용해주는 표현이 그것을 뒷받침해 준다. 즉, "양지 녘에/금잔디 돋우는/봄비"라고 되어 있다. 봄비가 있는 곳은 "양지 녘"이다. 그것이 하는 것은 "금잔디를 돋우는" 일이다. "양지 녘"은 햇볕이 잘 드는 곳이다. 그 말에는 광명/소생/따스함 등의 이미지가 있다. 그것은 지하의 암흑 속 무덤의 이미지와는 대조를 이룬다. 금잔디는 순수/정수의 이미지이다. 죽음의 이미지와는 반대이다.
　햇볕 가득한 양지 녘에서 순수/정수/진정의 가치를 북돋아 주고 있는 것이 봄비라는 뜻이다. 여기에는 소생/희망 등의 이미지도 함축되어 있다. 봄비가 "솔솔 비"와 비유적으로는 뜻이 서로 통한다. 그러므로 봄비는, "솔솔"의 의미가 보여주듯, 가볍고 부드러운 이미지까지 함축하고 있다.

이렇듯 죽은 소녀와 봄비는 상반 가치이다. 서사가 굴러가면서 이 상반 가치가 서로 충돌한다. 하이쿠의 시작법에 잘 나타나 있듯이, 상반 가치의 충돌에서는, 그 찰나에 새로운 가치가 창출될 여지가 생긴다. 물론 상반 가치가 충돌한다고 해서 무조건 새로운 가치가 창출되는 것은 아니다. 그것을 도와주는 촉매제가 필요하다. 그것이 이 시에서는 화자의 눈물이다. 죽은 소녀와 봄비의 상반 가치가 충돌하여 굴러가는 서사의 전개에 눈물이 개입한다.

눈물의 개념은 무엇인가. 눈물은 "사람이나 짐승의 눈알 위쪽에 있는 누선에서 나와 눈알을 적시거나 흘러나오는 투명한 액체 상태의 물질 또는 남을 이해하는 따뜻한 마음이나 남의 어려운 처지를 가엾게 여김을 비유적으로 이르는 말"이다. 그러나 눈물에는 사람에 따라 다르게 다가오는 여러 이미지가 있다. 많은 이들이 동의하는 눈물의 이미지도 있다. 진정성/진심/순수/인도주의의 뜻을 담은 이미지가 그것이다. 이 시에서 화자의 눈물은 은유적으로 봄비와 같은 것으로 쓰이기도 하였다. 이것은 눈물이 진정성/진심/순수에 더하여 봄비가 지니는 이미지, 가령, 따스함/희망/부드러움의 이미지까지도 지니게 된다는 이야기가 된다.

  우리는 죽은 소녀와 봄비 그리고 눈물의 이미지를 읽어보았다. 시를 짓는 일은 그 자체가 형상화 작업이다. 그것은 언어의 이미지를 써서 서사를 통하여 하나의 이야기를 엮어내는 작업이다. 학술 논문의 개념화 작업과 시 짓기의 형상화 작업은 도구로 쓰는 언어 자체가 서로 다르다. 그러므로 논문에서 정확한 개념을 좇아 읽듯이, 시 등 문학 작품에서는, 작가가 써서 어떤 이야기를 풀어가는 이미지를 좇아 읽는다. 위에서 필자가 읽은 이미지를 정리하여 보면 다음과 같다.

    죽은(무덤 속의)/소녀---슬픔/상실/소멸 등
    양지 녘/봄비---희망/소생/따스함/부드러움 등
    눈물---진정성/진심/순수 등

  이러한 이미지들을 이용하여 시인은 어떻게 이야기를 끌어가고 있는가. 그는 서로 다른 두 개의 가치를 충돌시킨다. 여기서 테제는 죽은 소녀 A이다. 안티테제는 봄비 B이다. 그러므로 죽은 소녀 A가 봄비 B에 의해 지양된다. 그 지양의 과정에 촉매로 등장하는 것이 화자의 눈물이다. 그 결과 A/B=C이 등장한다. C는 A도 B도 아닌 제

3의 가치이다. 그것은 전혀 새로운 가치이다. C를 우리는 문학의 용어로 역설이라고 부른다. 더 정확하게는, C는 A의 역설이다. 이러한 역설을 일반에서는 흔히 승화라고 부른다. 위의 시에서 시인이 역설적 진실을 보여준 것이다. 독자들은, 소녀가 죽었지만, 이 시를 읽으면서 죽은 소녀가 소생할 조짐을 감지할 수가 있다.

제2연의 서사 구조는, 타계한 어머니와 여름비가 그것의 두 축을 이루고 있다. 화자의 눈물의 도움을 받아 어머니와 여름비의 두 상반 가치가 서로 충돌하면서 그 서사가 전개된다. 그 결과 마침내 새로운 가치를 엮어낸다. 제2연의 서사 구조와 그 전개는 제1연의 그것과 같다. 시인이 대구법을 써서 그렇게 이야기를 끌고 간 것이다. 이렇게 함으로써 시인은 제1연과 제2연의 의미를 모두 강조하고 그 각각의 권위를 높이는 문학적 효과를 거두고 있다.

시인이 서사의 전개를 통해 도달한 종착점은 사망한 소녀(연인)와 어머니를 각자의 무덤에서 살아 나오게 한 일---죽은 자의 부활 바로 그것이다. 부활이 죽음의 역설로 제시된 것이다. 이것은, 이순신 장군의 말로 우리 귀에 익숙한 죽어야 산다는 역설과 같다. 죽은 자가 살아 돌아오다니. 그렇게 불가능한 일을 할 수 있는 것이 문학을 포함한 예술이다. 문학에는 서사를 전개하여 그 일을 해내는 힘이 있다. 문학에는 슬픔을 환희로 바꾸어 놓을 수 있는 마력이 있다. 작가는 역설적 진실을 제시하여 상실감에 울고 있는 이에게 다가가 그의 눈물을 닦아주는 것이다. 김교홍도 그렇게 하였다. 그는 시를 써서 실연의 슬픔을 달랠 수가 있었다.

작가가 가련한 인간에게 던져주는 역설적 진실은 그의 구원의 메시지이다. 그러한 메시지는 그러나 작가의 어떤 힘의 작용이 있어야 가능하다. 구원의 모티프로 사용되는 작가의 힘이 어떤 것인가는 매우 긴요하여 그것의 다름을 가지고 문학의 경향을 구별하는 관행이 생겨났을 정도이다. 가령, 작가의 구원의 모티프가 감정인가 아니면 이성인가의 기준을 가지고 낭만주의 문학과 모더니즘 문학을 가르기도 하였다. 김교홍은, 시인으로서, 많은 경우, 주로 눈물에 의해 비유적으로 상징되는 감정의 힘을 구원의 모티프로 사용하였다.

### 불멸의 사랑, 영원한 사랑

시인은 한편으로 사랑의 종말을 인정하지 않고 그것을 비통해하였다. 다른 한편으로는, 그가 사랑이 끝나버린 사실을 받아들이고 실연의 아픔을 승화시켜 마음의 평정을 얻고자 노력하였다. 그는 상반되는 두 개의 입장을 되풀이하는 모순을 보였다. 그러나 시간이 지나면서 시인의 시에는 점차 격정의 흔적이 희미해지고, 서서히 여유와 평온이 엿보이기 시작하였다. 그가 1953년 실연을 처음으로 알린 시를 쓰고 3년이 지나 1956년에 쓴 것으로 보이는 다음의 시가 그러한 예이다.

님은 갔습니다.
노송 드리운,
휘 굽은 이 길로,
말없이,
애타는 마음 그냥 두고,
떠났습니다.

공들여,
파고 만든
옹담 못,
땀 흘려 지어 놓은
통나무 배,
모두 풀섶으로
덮어두고,
떠났습니다.

정원에 복사꽃,

뚝뚝 지는 봄,
들새도 한 마리
찾아 들지 않는데,
오늘은 모두 깃을 달아,
하늘에 기폭(旗幅)을 날립니다.
—「님은 갔습니다」 전문

"님은 갔습니다"가 시의 제목이다. 이것은 사랑 종언의 선언이다. 화자가 자신의 사랑 이야기의 시말을 함축적인 시어에 담아 놓은 것이 시의 내용이다. 3개의 연으로 구성된 시에서 제1연과 제2연은 연인에게, 제3연은 화자 자신에게 할당되어 각자에게 일정한 역할이 맡겨져 있다. 그 시의 제1연 이야기의 내용은 다음과 같다.

1. 님은 갔습니다.
2. 노송 드리운,
3. 휘 굽은 이 길로,
4. 말없이,
5. 애타는 마음 그냥 두고,
6. 떠났습니다.

제1행은 사랑 종말 선언으로 제목을 되풀이한 것이다.

그렇게 함으로써, 시인은 사랑의 종말을 재차 확인하여 그 사실을 강조해 놓은 것이다. 새삼 시인의 단호한 결기를 느낄 수 있다. 제6행에서의 "떠났습니다"는 제1행의 "님은 갔습니다"를 보다 구체적으로 표현한 것이다. 전자는 어디를 갔다는 막연한 뜻에 지나지 않는다. 그러나, 후자는 사랑 파기를 주도적으로 실행한 주체가 연인이라는 함의를 좀 더 분명하게 전한다. 이로써, 사랑의 종말은 더 이상 다툴 일이 아닌 것이 되었다.

제4/5행에서는 왜 연인이 사랑을 깨고 떠나게 되었는지가 언급되어 있다. 시인으로서도 가장 궁금한 대목이 이것이다. 제4행에 보이듯이, 정작 연인은 말없이 떠났다. 말이 없었으니 시인인들 연인이 떠난 이유를 어떻게 알 수가 있겠는가. 답답한 노릇이다. 그런데 시인은 제5행에 "애타는 마음 그냥 두고" 떠났다고 적어 놓았다. 이 말은 여전히 사랑하지만 다른 사정이 있어 떠났다는 뜻이다. 그러나 제5행에서의 이 말은 화자의 주관적인 희망의 말일 뿐이다. 애타는 마음을 두고 떠났는지 여부는 객관적으로 증명할 수가 없다는 점에서 그러하다. 다만 이것이 서사의 전개에서 희미하나마 작은 여운을 던져주고 있다는 점에서 나름대로 일정한 의미가 있다.

제2/3행에서는, 연인이 떠나면서 걸어 나간 길을 보여주고 있다. 이 길이 던져주는 이미지 가운데 두 가지가 중요하다. 첫째, 그 길은 연인이 마지막 떠난 길이기도 하고, 그가 처음으로 찾아온 길이기도 하다는 암시를 던져주고 있다. 이제 떠나지만 언제인가 다시 그가 찾아 올 수도 있다는, 막연하지만, 작은 소망 하나를 화자가 던져 놓은 것이다. 둘째, 그 길이 연인 두 사람이 지금까지 이룩해 놓은 사랑의 역사를 빗대어 말해주고 있다. 그 길은 "노송 드리운/휘 굽은 이 길"이다. 그 길을 오가면서 굽은 길 굽이굽이 그들의 사랑의 역사가 켜켜이 쌓여 있다는 점, "노송"처럼 그 사랑의 역사는 오랫동안 숙성되어 있다는 점 등이 읽힌다.

제1연은, 그 초행에서 사랑의 종말을 선언하고 말행에서는 그 사실에 쐐기를 박아 놓았다. 이제 시인의 사랑이 끝났다는 것은 만천하가 다 알게 되었다. 그런데도 그는 떠나간 연인이 애타는 정을 남겨 두고 갔다고 하면서 여운을 남겨 두었고, 자신의 사랑을 회고하는 여유도 보여주었다. 이러한 이야기의 틀은 제2연에서도 비슷하게 되풀이되고 있다. 시인이 대구법에 의지한 결과이다. 즉, 연인이 떠났다는 것을 공언하면서도 떠난 연인과 함께 애써 이룩해 놓은 사랑의 역사를 되돌아보면서, 연인이 언제인가 다시 올 수도 있다는 시인 자신의 소망 한 조각을 여기에 던져 놓았다.

그러나 시인이 남겨 놓은 소망의 여지는 모두 그의 주

관적인 희망 사항을 적어 놓은 것에 지나지 않는다. 연인이 떠났다는 사실은 화자가 몇 번이고 힘주어 그것을 확인하여 놓았다. 그것은 객관적인 사실이고 그것을 수차례 확인하여 준 이가 바로 시인이다. 그런 시인이 이제 영원히 떠난 연인을 되돌아오게 하고자 작업에 나섰다. 그 작업의 실제를 보여주는 것이 제3연이다.

    1. 정원에 복사꽃,
    2. 뚝뚝 지는 봄,
    3. 들새도 한 마리
    4. 찾아 들지 않는데,
    5. 오늘은 모두 깃을 달아,
    6. 하늘에 기폭(旗幅)을 날립니다.

  작업을 추진하는 장소(제1행)와 시기(제2행)가 보인다. 시인은, "정원에 복사꽃/뚝뚝 지는 봄"(제1/2행)이라고 읊었다. 장소는 정원이고 시기는 봄날이다. 장소와 시기는, 앞서 설명한 바 있듯이, 그가 처음으로 연인을 만났을 때와 같다. 그는 첫 만남의 날을 "복사꽃 피어 있던 그날"이라고 회고하였다(「밤 가로등」, 제2연 제5행). 여기서는 장소가 정원이라고 특정되어 있지는 않다. 그러나 누구의 짐작으로도, 그 장소는 정원일 수밖에 없다. 연인과의 첫 만남이 이루어진 장소가 무엇보다도 중요한 것은 화자뿐만 아니라 다른 누구에게도 그러하다. 특정해 놓지 않은 것은 장소가 같아서 그것을 되풀이하지 않은 것이다.

그 정원에 복사꽃이 지고 있다. 연인을 처음 만나 인연을 맺었을 때 그 정원의 복사꽃은 피고 있었다. 이제 연인이 떠날 때가 되어서는, 그 복사꽃이 떨어지고 있다. 시인의 문학적 배려에 따른 은유적 표현이다. 시인에게 있어서 복사꽃은 무엇인가. 그 비유적 상징이 떠나간 연인일 수도 있다. 그와 함께 이룩해 놓은 사랑의 역사일 수도 있다. 그 사랑이 가져온 환희의 나날일 수도 있다. 또는 그 모두일 수도 있다. 이제 연인도 사랑도 환희도 모두 복사꽃과 함께 사라졌다. 들새마저 보이지 않는다 (제3/4행).

남은 것은 무엇인가. 그가 제1연에서 언급한 "노송 드리운/휘 굽은 이 길"과, 제2연에서 묘사하였듯이, 함께 축조한 연못과 건조한 통나무 배가 남아 있다. 그러한 사랑의 역사에 대한 시인의 회포가 남아 있다. 그러한 회포 위에 적어 놓은 시인의 희미한 희망의 말이 남아 있다.

시인은 그 남겨진 사랑의 유산과 그에 대한 그의 회포에 "모두 깃을 달아"(제3연 제5행) 놓는다. 여기서 "깃"은 새의 깃털을 뜻한다. 새의 깃털이 던져주는 이미지는 무엇인가. 그것은 보는 이에 따라 여러 다른 이미지로 읽힐 수가 있을 것이다. 그러나 누구라도 동의할 수 있는 것이 있다. 새에는 자유, 깃털에는 가벼움, 비움 등의 이미지가 있다. 시인이 모두에 깃을 달아 놓는다는 것은 무엇을 뜻하는가. 그것은, 사랑의 유산, 그에 대한 회포, 그 회포에 자욱하게 스며 있는, 비통, 원망, 절망, 미련, 초조 등 그의 암울한 감정을 깔끔하게 비워 없애 버리겠다는, 단호한 그의 의지의 표현이다.

그러한 시인의 의지는 과연 실현될 수 있을 것인가. 그는 제3연 제6행에 다음과 같이 적어 놓았다. "하늘에 기폭(旗幅)을 날립니다". 이것은 그가 모두에 걸어 놓은 깃털을 가지고 하나의 기폭을 만들어 그것을 하늘에 날려 버린다는 뜻이다. 여기서 시인이 서사를 전개하기 위해 동원한 다음 말들의 이미지를 읽어보자. "a. 하늘에/b. 기폭을/c. 날립니다." a. 하늘의 이미지는 실로 많다. 포용, 탈세속, 천국, 천심, 운명, 자유 등등. b. 기폭의 이미지도 사람마다 각양각색일 수 있다. 그 가운데 공통되는 것으로는 당당함, 대표 상징, 자긍심, 해방, 독립 등. c. 날린다는 것은 바람에 나부끼게 한다는 뜻이다. 바람에는 욕심 버리기, 자유자재, 유유자적 등의 이미지가 있다.

실연이 초래한 애통한 심정을 씻어내기 위한 시인의

노력은 치열하였다. 그 노력의 일환으로, 그는, 그가 지어낸 서사에 여러 이미지를 동원하였다. 그가 동원한 여러 이미지는 각기 적절하게 쓰였고 유효하게 제 몫을 해냈다. 깃발 자체가 세속적인 마음을 비운다는 뜻도 함축하고 있다. 그러한 깃발이, 비슷한 이미지의 하늘과 바람의 도움까지 받았다. 시인이 실연의 아픔을 털어버리겠다는 그의 소망을 이룬 것이다. 그런 연후에, 그는, 창공에 나부끼는 깃발처럼, 자신의 당당한 모습을 만천하에 펼치게 된 것이다.

　이 시의 마지막 연의 서사는 여기서 멈추어 섰을까. 그것은 시인이 실연의 아픔을 완전히 털어버리는 데 그치고 말았을까. 그렇지가 않았다. 그 서사의 전개는, 슬픔을 환희로 바꾸어 놓은 역설을 이루는 데 그치지 않았다. 여기서 다시 그 역설 만들기에 도움을 준 하늘과 바람의 이미지에 주목하여 보자. 이 둘은 독자의 상상력을 한껏 끌어올리기에 부족함이 없다. 이 둘이 그만큼 다의성이 크다는 뜻이다. 특히 하늘의 이미지가 그러하다. 시인이 되돌아본 그의 연인과의 사랑은 하늘에서 다시 펼쳐질 전망이다.

　앞서 언급하였듯이 하늘의 이미지에는 운명, 천명, 천국 등의 뜻도 있다. 시인은 세속의 사랑을 천상의 사랑으로 승화시켜 놓았다. 다시 말해, 시인은, 하늘과 바람의 힘, 그 이미지에 의지하여, 그 역설적인 진실을 증명해 보였다. 천상의 사랑은 불멸이고 영원하다. 하늘이 있어, 그들의 불멸의 사랑이 운명인 것을 보증하고 있는 까닭에. 바람이 있어, 그러한 그들의 영원한 사랑에 가로막음이 없다는 것을 보증하고 있는 까닭에.

「님은 갔습니다」에서 시인은 놀랄 정도로 의젓하며 편안하며 당당하다. 그가 연인과 함께한 사랑에 대한 회고에도 그의 너그러움이 배어 있다. 모두가, 김교홍이 시인으로서 역설을 엮어내는 문학의 기제를 효율적으로 이용해 얻어 갖추게 된 그의 새로운 품격일 것이다. 그렇다면, 당연한 논리의 귀결이거니와, 김교홍의 시에 사랑의 아픔을 호소하는 표현이 더 이상 나오지 말아야 할 것이다. 그러나 우리의 기대와는 다르게, 그 뒤에도 실연의 비애를 읊어 놓은 그의 시가 이어진다.

가령, 「님은 갔습니다」 바로 뒤에 쓰인 「흔적」에서, 시인은, "모래 위에 새겨진/앉은 자국/오늘도 잊을 길 없어"라고 노래하였다. 그 뒤 이어 쓰인 시에서도 그런 미련을 드러내는 일은 여러 예가 등장한다. 떠난 연인을 그리워하고 기다리는 증상이 시인에게서 가시지 않고 있었다는 이야기이다. 물론 격정의 토로와 같은 진한 감정의 노출은 거의 없어졌지만, 작심삼일이랄까. 실연의 아픔에서 벗어나기를 굳게 다짐하였건만, 시인에게 그 실행이 어려웠다. 그러나 이것이 어찌 시인만의 어려움이겠는가. 인간이면 누구나 질풍노도의 청춘 시기를 겪는다. 그것이 마치 통과의례인 것처럼. 그 무렵에는 누구라도 남녀의 사랑이 이성적 사고와 강인한 의지에 반드시 좌우되는 것은 아니라는 사실을, 경험으로써 알고 있다. 어쩌면 사랑은 이성의 영지와 의지의 관내를 벗어나 있는 마성의 그 무엇인지도 모른다.

어쨌거나, 해설자는, 먼저, 시인이 진솔하게 스케치해 보여준 아름다운 청춘의 초상에 공감의 마음을 전한다. 해설자는, 더 나아가, 시인이 문학의 묘약에 의지하여 지상의 사랑이 천상의 사랑으로 거듭나게 하였고, 그럼으로써, 세속의 사랑을, 불멸의 사랑, 영원한 사랑으로 승화시켜 놓은 기여를 기억하여, 독자의 한 사람으로서, 그에게 아낌없는 경의를 보낸다.

**평론**

세월에 묻힌 젊은 날의 그리움과 상심(傷心),
──송월 김교홍 시집 『기러기 우는 밤』에 부쳐

이정훈(문학평론가)


 이 시집은 작고하신 김교홍(1934~2020) 선생이 당신의 한창때인 1950년대 무렵에 쓴 시를 중심으로 엮은 작품집이다. 이 시기는 한국문학사에서 김수영, 신동엽 시인이 활동했던 때와 궤를 같이하며, 한국 전쟁의 상흔과 민족의 경제적 궁핍이 국민에게 고난과 절망을 가져다 주었던 시절이다. 송월 선생은 문단에 정식으로 등단하지는 않았지만, 그의 작품에서 젊은 시절 문학에 관한 선생의 열정과 청춘의 고뇌를 느낄 수 있기에, 이 글에서는 그 시절로 돌아가 선생의 작품 세계를 톺아보며 그 숭고한 뜻을 기리고자 한다.
 시집의 구성과 시의 소재에 관해서 언급하자면, 시집 해설을 쓰신 홍승기 교수께서 소상하게 잘 분석한 바 있다. "김교홍의 시 42편을 주제별로 나누어 보면 다음과 같다.

　어머니/형제 4, 친구/우정 2, 스승 2, 나라 사랑 2, 농민 1, 자연/풍광 1, 수행 3, 자유 2, 고독 1, 풍자 1, 비애 1, 허무 1, 영정 1, 사랑 20

　김교홍이 시를 써서 관심을 보인 주제는 다양하다. 10대 후반에서 20대 초반의 청년이라면 누구라도 관심을 보일만 한 주제들이다." 종합하면 그중에서 사랑과 어머니나 형제간의 그리움을 노래한 작품이 압도적으로 많다.

### 시심(詩心)과 사물의 교감

　유협(劉勰, 466~520)은 『문심조룡(文心雕龍)』 「원도(原道)」 장에서 "문(文, 문학 혹은 문장)이라고 하는 특징은 크다. 그것은 하늘과 땅의 원리와 함께 만들어졌다. 어째서 그런가? 하늘과 땅의 구별이 생기면서 하늘은 둥글고, 땅은 모가 난 체제로 나누어졌다. 해와 달은 아름다운 옥을 겹쳐 놓은 것 같이 하늘의 형상을 아름답게 드리우고 있다. 산과 하천은 꽃무늬를 새겨 놓은 비단과 같이 빛나서 땅의 형상에 두루 펼쳐져 있다. 이것이 대개 자연의 도(道)라고 하는 문장이다(文之爲德也大矣, 與天地並

生者, 何哉? 夫玄黃色雜, 方圓體分, 日月疊璧, 以垂麗天之象 ; 山川煥綺, 以鋪理地之形 ; 此蓋道之文也)"라고 말한다(황선열 옮김, 『문심조룡』). 좀 더 부언하자면, 문장의 출발은 자연에서 비롯한다고 본다. "자연의 도는 성인의 도를 바탕으로 하고 있으며, 문장의 바탕을 중시한다. 마음과 물질은 교감하고, 문학은 변화하고 발전한다. 문학은 인륜의 도를 교화하는 작용을 한다. 문학 창작의 근본 원리는 자연의 도에 있다."(황선열 옮김, 같은 책) 라는 뜻이다.

선생의 작품에서 시작(詩作)의 근본 원리는 잘 드러나 보이지 않는 듯하지만, 작품 가운데 이러한 '자연의 도'가 행간에 스민 흔적이 보인다. 가령 「가야산」이라는 시를 살펴보면, 자연 풍광을 노래한 작품으로서, 시인은 가을날 가야산 '홍류 계곡'의 선경에 매료된 채 물소리와 새소리 그리고 독경 소리, 불심으로 쌓아 올린 석탑의 풍광이 한데 어우러진 금강산 같은 선계(仙界)를 노래한다. 그런데 이어지는 작품 「홍류 계곡」을 자세히 들여다보면 이러한 자연의 풍광에 인간의 역사가 깃들어 있음을 발견할 수 있다. "가야산 홍류 계곡,/씻고 바래 흰 계곡,/최치원, 망국 한에/눈물짓던 이 계곡,/물결에 세월 실리고,/눈물 또한 흐른 개울.//파랗게 흐르다가,/하얀 눈처럼 흩어지고,/다시 파란 이 물결./망국 한에 물 흘러, 철썩,/소리치며 우는구나."(「홍류 계곡」) 그의 시가 자연의 근본 원리를 넘어 자연과 인간의 교감, 나아가 우주 삼라만상에서 자연과 인간이 함께 진화해 나가는 역사적 시간을 삶의 공간 위에 펼쳐 보인다. 따라서 이러한 '자연의 도'는 시심과 사물을 교감하게 하여 시인에게 '시 쓰기의 출발선'을 이룬다고 말할 수 있다.

또한, 그의 작품 속에는 인간과 소통하는 문학으로서 가족과 지인들에 관한 사랑과 우애 등 정서가 깊게 배어 있다. 특히, 돌아가신 어머님을 회상하며 지은 시가 압도적으로 많은 점도 같은 맥락에서 살펴볼 수 있다. 예로부터 충효는 유교를 근본이념으로 하였던 우리나라에서는 가장 보편적 사회 통념이었지만, 이를 실천하는 일은 녹록지 않은 일이었다. 여성은 출가하면서 아이를 낳고 비로소 어머니가 되는데, 자녀에 대한 헌신적 사랑과 자기희생을 통해 가족들과 소통한다. 어머니는 이에 그치지 않고 자녀가 혼인할 나이가 되면 그들의 장래와 가문에 줄 영향에 관해 생각하며 상담자로서 책무를 다하며, 자녀들에게 지대한 영향을 끼친다. "작가들은 대개 어머님 생전에는 어머님의 사랑을 절실히 깨닫지 못하다가 돌아가신 후 못다 한 그리움의 정을 노래한 경우가 대부분이다. 이러한 예는 우리나라 현대문학에서도 흔히 볼 수 있다. 소설로는 강경애(姜敬愛)의 「어머니」를 비롯하여, 박

완서(朴婉緖)의 「엄마의 말뚝」, 송기숙(宋基淑)의 「어머니의 깃발」, 김학섭(金學燮)의 「어머니」 등을 들 수 있다. 시로는 어머니를 소재로 한 시집만도 박목월(朴木月)의 『어머니』와 조병화(趙炳華)의 『어머니』·『어머님 방의 등불을 바라보며』 등을 꼽을 수 있다."(https://cafe.daum.net/manboon/d8dI/337?q) 어머님이라는 말을 들었을 때, 느끼는 포근함과 행복감을 노래한 시로는 신석정 선생의 「그 먼 나라를 알으십니까?」라는 시도 잘 알려진 작품이다. "어머니,/당신은 그 먼 나라를 알으십니까?//깊은 삼림 지대를 끼고 돌면/고요한 호수에 흰 물새 날고/좁은 들길에 들장미 붉어/멀리 노루새끼 마음 놓고 뛰어다니는/아무도 살지 않는 그 먼 나라를 알으십니까?//(…)"(「그 먼 나라를 알으십니까?」 부분 『촛불』 1939).

**가버린 이들에 대한 그리움과 슬픔**

송월 선생은 6·25 한국 전쟁이 일어났던 첫해, 음력 7월 7일 돌아가신 모친을 그리워하며 어머님에 관한 시를 몇 편 남긴다.

아지랑이 춤추자,
시냇가 수양버들 노래 부르고,
맑은 물, 조약돌을 스쳐 가는데,

> 꽃 꺾어 주시던 엄마는,
> 손잡고 냇가에서 피리 불어주던
> 작은형은, 오지 않네요,
> 나 홀로 어찌하라고
> ─「아지랑이 춤추어도」 전문

 전쟁 직후 어머님과 작은형이 떠나고 홀로 남은 선생의 고독한 심정을 노래한 시다. "나 홀로 어찌하라고"라는 시행에 축약된 그리움과 쓸쓸함 그리고 애잔함이 시의 정서를 이룬다. 여기서 눈여겨볼 점은 '아지랑이', '시냇가 수양버들', '맑은 물', '조약돌', '꽃' 등 자연 친화적 대상이다. 앞서 언급했듯이 화자의 시심은 자연과 교감하는 가운데 발흥한다는 점을 입증한다. 문학은 '인륜의 도'를 교화한다고 했듯이 화자는 '자연의 도'를 바탕으로 부모 형제간의 사별을 가슴 아프게 노래한다.

 또 다른 작품「밤하늘에 별 셋」에서 삼태성을 보며 하신 어머님 말씀을 떠올리며, 칠월 칠석 밤 뒷산에 올라 우는 화자의 심정에 비추어 시인의 어머님에 대한 애틋한 사랑과 존경을 드러낸다. "하늘나라 삼 형제가 삼태성(三胎星)이라,/별 보며 하신 어머니 말씀./서럽구나./어찌하여 나 홀로 뒷산에 나와/솔 등 잡고 울고 있는가."(「밤하늘에 별 셋」) 사주 명리학에서 삼태성(三台星)은 북두칠성,

서양에서 말하는 큰곰자리 발바닥 근처의 별로서 "하늘이 내려준 총명함과 성공의 기운을 의미하는 특별한 신살(神煞)이다. 삼태성은 하늘의 별자리에서 유래한 개념으로, 학문적 능력, 사회적 지위 상승, 명예로운 삶을 살 가능성이 큰 기운을 지닌 신살이다."(blog.naver.com0_sson_0). 화자는 별 셋이라는 의미의 삼태(三台)를 삼 형제를 잉태한 삼태(三胎)로 해석하며 하늘의 기(氣)가 인간과 연결되는 도(道)를 설명한다.

어머니를 그리워하는 마음은 「내 마음 1」에서도 진달래꽃 그 청초한 이미지로 피어오른다.

  내 마음은 심심산골의
  한 떨기 청초한 진달래꽃.
  실구름에 싸인 이슬을 먹고,
  미풍에 입 생긋 웃음 짓는,
  청초한 한 떨기 진달래꽃.

  너는 어이하여.
  이 심심산골에 홀로 피어 있는가.
  굳이 묻지 마세요.
  다시 입 생긋 웃음 짓는,
  청초한 한 떨기 진달래꽃.

—「내 마음 1」 전문

  심심산골의 이미지는 인적이 드문 잡인의 출입이 없는, 오염되지 않은 신성한 땅을 상징한다. 이 시의 전체적 분위기는 당나라 때 시인 이백의 「왜 산에 사느냐 묻기에」를 연상케 한다. "왜 산에 사느냐 묻기에/웃기만 하고 아무 대답하지 않았네/복사 꽃잎 아득히 물에 떠가는 곳/여기는 별천지, 인간 세상 아니라네". 그러한 마음이야말로 어머니를 만나 볼 수 있는 깨끗한 마음이자, 어머님을 향한 순백의 그리움이다. 이러한 어머님에 대한 사랑은 자연스럽게 나라를 지킨 조상들에 대한 자긍심과 나라 사랑으로 면면히 이어진다.

  진달래가 핀 심심산골 곁으로 우뚝 솟은 산줄기로 눈을 향하면 임진왜란 때 왜적을 막아내던 조상들의 싸움터 석성이 보인다. "홈 팬 골짜기,/불쑥 솟은 산줄기,/시뻘건 동맥인 양,/휩싸고 도는 석성./육십갑자 먼 옛날,/가토 기요마사 길 막으려,/조상님네 피 방울방울,/한데 엉켜 이겨낸 성./무심한 개울물,/소리소리 내고 있네."(「금오산성」) 조상과 가문에 관한 자부심과 긍지가 깃든 시로서 옛 영화를 뒤로하고 무심한 세월 속에 쇠잔해가는 옛 성터를 그리워한다. 그러한 유적지에는 천년 고찰 직지사를 노래한 작품에서도 고스란히 느껴진다.

"황악산 골짜기,/흐르는 개울물,/흐렸던 내 마음을/ 맑게 씻어내네./산사의 수도승,/그 참뜻을 알리라.//황악산 넓은 골,/새소리 잦아지고,/솔새로 스민 달빛,/실같이 드리웠네./대웅전 청기와장,/천년 꿈이 어리네."(「직지사」) 이렇듯 어지러운 인간의 심성을 교화하기에는 자연만큼 위대한 것이 없다. 깨끗한 계류를 보고서 인간의 말간 심성을 기구하게 되고, 정결한 마음으로 세상의 만물을 꿰뚫어 볼 수 있는 심안(心眼)과 시안(詩眼)을 얻게 된다.

또한, 친구와 우정을 노래한 「나의 벗, 창덕」도 '자연의 원리'를 따라 '인륜의 도'를 확장한 사례라 볼 수 있다. "어버이 여읜 어려운 살림이구려./살겠노라 헐떡이던/창덕이 어린 가슴,/복잡한 만상의 세계가/번쩍거린다.//(…)//눈에 상처 입은 잠자리처럼,/두리번거리던 그의 눈,/안개가 끼고,/만상이 일던 그의 가슴,/서늘히 바람이 일었다.//나의 벗, 창덕,/웃고 있다, 노래하고 있다,/혼자서"(「나의 벗, 창덕」) 동병상련의 마음으로 어려서 부모를 여의고 험난한 세상을 홀로 싸우며 꿋꿋이 살고자 노력하는 친구에게 위로와 응원을 보내는 시다. 고향 친구 화촉에 부쳐 지은 시도 친구 간의 각별한 우애를 보여준다. "낙동강아 흘러라,/유구(悠久)히 흘러라,/국화 향기 새뜻한데,/외 기러기 짝지어라.//황촛불 더 밝게 밝혀라,/청실홍실 더 엉키게 두어라,/오늘은 그대 위해 마련한 날,/

천지도 응수하여 안온하도다."(「화촉」)

### 사랑과 실연의 시기

한편, 사랑을 노래한 시를 살펴보면 자연과 생명체와 교감 속에 시인이 그리워했던 사랑의 대상을 선명히 드러난다.

> 기러기 우는 저녁에,
> 뒷산 솔 밑에 서서,
> 앞산 마루 성황당 길을
> 바라보나니,
> 구름만 은은히 둘려 있구나.
>
> 세월은 물처럼 흘러갔건만,
> 어이하여 나는 옛날을 못 잊어 울고 있나.
> 그리운 내 님은 정녕 갔으나,
> 이 저녁에도, 내 안에서 숨 쉬고 있네.
> ―「정녕 임은 갔으나」 전문

그리움의 대상이 어찌 어머니뿐이겠는가? 어머니를 대체했던 화자가 사랑했던 여인의 모습도 흐르는 세월 속에 쇠락하지 않고, 젊은 시절 그 모습으로 여전히 화자의 마음속에 자리 잡고 있음을 볼 수 있다. 그 그리움의 대상을 추적해 들어가면 한 소녀가 등장한다. "폭탄 터진 날,/어머님과/바꾸어 가진,/한 소녀 있었네//하지만, 지금, 나는,/이리도 그리도,/냉가슴 앓고 있네./시계와 월력 있는 방,/기다림이 괴로워."(「소녀」) 어머님을 여의게 된 사연도 집안에 폭탄이 떨어져 사망했음을 짐작하게 하는데, 시인에게는 크나큰 마음의 상처요, 엄청난 상실감을 안겨다 주었으리라 판단한다. 그 상실감을 메우듯이 찾아든 대상이 바로 '소녀'다.

하지만 어머니가 돌아가기 전에 만남은 시작했던 것으로 추정된다. 「밤 가로등」이라는 시에서 "무덥던 날,/바람에/단발머리 나풀거리며,/수줍어했던 소녀,/복사꽃 피어 있던 그날,/정녕 오 년 전의 일이던가"라는 대목을 근거로 유추해 보면 한국전쟁이 발발했던 1950년 봄 무렵이라 여겨진다. 이 시가 1955년에 쓰인 점을 고려하면 오 년 전은 1950년이 된다.

결국, 소녀와 사랑에 실패했는지 시인은 사랑하는 이 때문에 겪는 상심과 좌절감을 여러 작품에 쏟아붓는다. 그 대표적인 시로는 「님은 가고」, 「귀로」, 「슬픈 여인」, 「장끼은 왜 울고 있나」, 「꿈」, 「못 잊어 울겠지요」, 「물은 흘러갔기에」, 「밤길, 꿈길」, 「님은 갔습니다」, 「흔적」 등 이루 헤아릴 수 없이 많다.

시적 화자의 실연과 상심이 각각의 작품에서 어떤 의미 고리로 이어지는지 작품 순으로 살펴보자. '떠남(부재)과 영속(호흡)의 시작(始作)'(「정녕 님은 갔으나」)에서 '떠남(부재)과 활력의 상실'(「님은 가고」)로, 다시, '님 소식의 부재와 위안의 노래'(「귀로」)에서 '죽은 영혼과 소쩍새 울음으로 환생'(「슬픈 여인」)을 거쳐 '봄의 개화(탄생)와 슬픔의 눈물'(「장펑은 왜 울고 있나」)로 연결된다. 이별의 슬픔은 '떠남(부재)과 해후'(「꿈」)로 다시 시작하여 '잊지 못함과 슬픔의 위로(귀뚜라미, 새 울음)'(「못 잊어 울겠지요」)를 넘어서 '떠난 이에 대한 체념(정(情)만 남음)'(「물은 흘러갔기에」)에 이르게 된다.

  최종적으로 '밤의 해후와 낮의 부재'(「밤길, 꿈길」)라는 정서적 부조화로 반복되며 급기야 '떠남(부재)의 인정'(「님은 갔습니다」)은 '모래 위의 자국'(「흔적」)으로 화자의 가슴에 화인처럼 선명하게 남는다. 즉 감성과 이성 사이에서 통제할 수 없었던 화자는 불면의 밤과 연속되는 슬픔에서 때로는 자기 위안의 길을 모색하기도 하지만 급기야 체념 상태에 이르게 됨이다.

  다만, 이 시집에 실린 사랑에 관한 시는 김교홍 시인이 그의 청년기에 쓴 시이기에 어머니나 형제, 친구 그리고 소녀에 대한 연민과 애정이 주된 정서를 이루고 있지만, 사회적 약자에 관한 자비심과 배려가 보이지 않는다. 시인에게 시 쓰기는 소외된 이웃들에 대한 따스한 시선에서 비롯되는데, 작품집에서 이러한 내용을 찾아보기 힘들다. 프랑스 시인 보들레르(C. P. Baudelaire)가 그의 산문시집 『파리의 우울』(1868)에서 파리라는 도시의 화려함과 안락함보다는 변두리의 버림받고 외로운 가난한 자, 늙은이 등 소외된 자들의 삶을 주로 노래했듯이, 시인에게는 불우한 자에 대한 '연민의 목소리'가 필요하다. 이는 보들레르 연구가 러프(M. A. Ruff)가 말했듯이 "가슴에서 솟아나는 가장 애절한 목소리"를 지향한다. 노년의 송월 선생 작품을 분석할 기회가 있다면, 그의 시 세계가 이러한 단계로 이행했는지 확인하는 일도 매우 의미 있는 분석이 되리라 생각한다.

### 상실과 상심을 넘어서

젊은 청년 시절을 흔히 '질풍노도의 시기'라고 했던가? 이제 시인은 숱한 난간에 부딪히고 세파에 시달린 끝에 '진주 섬'을 찾아 "파란 돛을" 내건다. 석양의 남은 정열처럼 "남은 정열에 겨워" 삶의 파고에 몸을 맡긴다.

> 한없이 애달픈
> 나의 청춘.
> 운명의 돛단배.

> 그 숱한 날들,
> 안개에 가리고,
> 썰물에 밀리고,
> 파도에 치이고.
>
> 이제 밀물을 만나,
> 물새들과 함께 떠난다,
> 운명의 돛단배.
> 파란 돛을 내걸고,
> 진주 섬을 찾아,
> 나침반을 놓는다.

―「돛단배」 전문

　이제 화자에겐 운명의 나침반을 수정할 때에 다다른 것 같다. '진주 섬'은 화자가 지향하는 '파라다이스'이자 방황했던 젊은 시기를 구원해 줄 '새로운 영토'다. 그곳에 가기 위해 때(밀물 드는 시기)를 기다리며 물새를 동무 삼아서 대자연으로 나간다.
　전란 이후 국가적·사회적으로 궁핍과 부재의 상황 속에 그 세파를 화살처럼 꿰뚫고 지나온 청춘의 시기는 이제 새로운 세계를 향해 희망의 메시지를 전한다. "봄맞이 가련다./봄맞이 가자.//산으로 들로 냇가로,/우리 모두 봄맞이 가자.//정든 님, 나귀 등에/봄 싣고 저 산 넘어온다지.//아름다운 내 건너,/우리 모두 봄맞이 가자."(「봄맞이 가자」). 화자는 상실과 상심을 넘어서 새로운 길을 모색하는 전환점에 도달한다. 「남도 삼백 리」를 참조하면, 그 길 이후의 세계가 어떤 모습인지 명확히 드러나지 않지만, 청춘의 아픔을 딛고 성숙한 삶의 모습으로 거듭나고자 하는 시인의 행보와 무관하지는 않을 테다.

1
활짱같이 굽은 길은 어디로 가나,
길 따라 내줄 곳까지 가고 싶구나.

아스라이 굽어 도는 희미한 길,
남도 땅 영산으로 뻗어난 길.

산마루 구름 돌듯 가고 싶지만,
그림처럼 바라만 보는 남도 삼백 리.

2
강줄기 휘돌아 칠백 리 굽이,
남도 땅 영산으로 흐르는 굽이.

강나루 동락이라 오가는 배여,
물길로 칠백 리 날 데려다주오.

아뿔싸, 실언한 것일까,
죄를 지은 것일까.

아스라이 보이던 배가 숨어 버렸네,
물결도 잠잠하구나.

3
산마루 구름 돌듯 가고 싶지만,
그림처럼 바라만 보는 남도 삼백 리.
―「남도 삼백 리」 전문

 다시 유협의 『문심조룡』 '통변(通變)' 장으로 돌아가 살펴보면, 저자는 "대개 문장을 세우는 체제에서는 불변의 도리가 있지만, 문장을 쓰는 방법은 그 변화가 무한한 방향으로 펼쳐져 있다. 무엇으로 그것이 그렇다는 사실을 분명히 알 수 있는가? 무릇 시(詩), 부(賦), 서(書), 기(記)는 그 명칭과 이치가 서로 유래가 있어서 이것은 변하지 않는 체제가 있다. 문장으로 표현된 기와 능력은 오래전부터 통하고 변해왔기(通變) 때문에 어떤 방향으로 변해

왔는지 그 방법을 알 수가 없다(夫設文之體有常, 變文之數無方, 何以明其然耶? 凡詩賦書記, 名理相因, 此有常之體也. 文辭氣力, 通變則久, 此無方之數也.)"(황선열 옮김, 같은책) 라고 말한다.

김교홍 선생의 시집은 시간 여행처럼 1950년대 젊은이의 삶과 사랑, 슬픔을 엿볼 수 있는 귀중한 작품이라는 데서 그 의의를 찾을 수 있다. 비슷한 맥락에서 가장 소중한 사람들을 잃은 슬픔을 묘사한 선대(先代) 시인 백석의 『사슴』(1936)과 후대(後代) 시인 도종환의 『접시꽃 당신』(1986), 서정윤의 『홀로서기』(1987) 그리고 이승하의 『욥의 슬픔을 아시나요』(1998) 작품과 견주어 그 시대의 사랑과 이별법을 통시적으로 살펴보는 일도 시를 이해하는 또 다른 즐거움을 주리라 확신한다.

"변하는 것과 통하는 것은 하나로 묶여 있다. 그것은 변하는 것이 전통을 바탕으로 해야 한다는 말과 같고, 그 변화와 전통을 통해서 새로운 것을 만들어내야 한다. 통변은 변화의 근원이 옛것을 모범으로 해야 한다고 강조한다."(황선열 옮김, 같은책) 라고 했듯이, 송월 선생의 작품은 1950년대 시가 앞선 시기로부터 오늘날 시와 어떻게 통하고 있는지, 또 오늘날 시는 전 시대와 견주어 어떻게 변해왔는지 살펴볼 수 있는 한 가늠자가 될 수 있으리라 확언한다.

마지막으로 한마디 부언하면, 선대의 유작을 모아 한 권의 책으로 엮어서 후대에 길이 전하고 보존하고자 하는 후손들의 아름다운 마음과 학문이나 문장을 숭상하는 그분들의 태도에 경의를 표하며, 그 고귀한 마음과 헌신을 높이 사고 싶다.

**후기**

# 고향의 복사꽃, 피고 지다
— 젊은 날의 초상

김성우(대표 간행위원)

### 고향 형곡 사창

시집에는 금오산, 새미[뒷동산], 남산[앞산], 덕곡, 비산, 동락과 같은 지명이 자주 등장한다. 모두 선친이 사셨던 구미시 형곡동과 인연이 깊은 곳이다. 금오산이 북쪽으로 날개를 한껏 펼치고 보듬어 감싸 안은 마을이 형곡이다. 이곳에는 사창과 시무실[荊谷] 두 마을이 있었다. 조선 시대 금오산의 관방(關防)이 중요했던 까닭에 금오산으로 올라가는 마을 초입에 위치한 이곳에 사창(社倉)이 설치되었다. 이후 사창이 있는 남쪽 마을은 사창, 조금 북쪽에 위치한 마을은 옛 지명을 그대로 간직하여 시무실이라 불렸다.

조부가 집안의 9대 주손(冑孫)이어서, 선친 집은 사창의 가장 바른 자리에 위치해 있었다. 앞으로는 금오산(해

발 977미터)이 힘찬 날갯짓을 하며 웅비하고, 뒤로는 새미라는 야트막한 언덕이 자리 잡았다. 새미는 선산(先山)이 위치하여 새로이 산을 조성했다 하여 새 산[新山], 혹은 새뫼라는 이름을 얻은, 수백 그루 아름드리 소나무들로 장관을 이룬 언덕이다. 남동쪽으로는 남산이 안산(案山) 구실을 했고, 좌우로는 푸메(浮山)와 금오산의 한 줄기가 남서쪽으로 뻗어 내려오면서 형곡 분지를 감싸는 형국이었다. 지금은 북으로 구미 시내, 동으로 구미공단과 연결되는 4차선 도로로 인해 교통 요지처럼 보이지만, 1980년대 초반까지만 해도 사창은 금오산 자락이 숨겨 놓은 자그마한 궁벽 산골이었다.

1950년대 후반에 마을 사람들이 농로를 넓혀 소형 자동차 하나가 겨우 지나갈 수 있는 작은 길을 놓았다. 그렇지만 주민들은 조선 시대 적처럼 산으로 난 좁은 산길을 따라 이동하곤 했다. 그렇게 구미 읍내로 연결되고, 오늘날 시청이 위치한 송정동으로 연결되었으며, 남산 사이로 난 골짜기[덕곡]를 따라 상모동과 오태로 이어졌다. 호롱불 신세를 면치 못했던 마을에 전기가 들어온 것은 1970년대 초반이었고, 1980년대 중반 구미시청의 배후지로 개발되면서 그야말로 상전벽해가 되었다.

이제 구미에서도 사창을 기억하는 사람은 드물다. 우리 집과 연비(聯臂) 관계가 있는 사람들은 지금도 사창이라는 옛 지명을 언급하지만, 필자도 그 말이 새롭게 들릴 정도로 사창은 이제 먼 기억 속에 존재하는 역사가 되고 말았다. 필자가 장황하게 고향 얘기를 하는 것은 선친이 창작한 시의 주된 장소가 형곡[사창]과 금오산, 새미, 남산, 덕곡, 송정 등이기 때문이다. 직지사, 가야산, 대구, 영산 등 경북과 경남에 흩어진 지역들은 선친이 학교를 다니거나, 수학여행 등으로 잠시 방문했던 곳이다. 그런 점에서 1950-1955년 청년 시절 선친이 노래했던 시의 대부분은 고향과 주변의 풍경들, 이러저러한 세태 무상과 관련되어 있다.

### 가족

선친은 부친 김연묵(金演黙, 1901-1962)과 모친 최해병(전주최씨, 1897-1950) 사이에서 3남 1녀 가운데 막내로 태어났다. 구미에서 누대를 살았던 선친 가족은 1930년대 후반 전북 이리로 이주하여 그곳에서 5년가량 살았다. 4대 독자로 태어나 애지중지하던 장남[김교준]이 이리농림학교에 입학하자, 장남 뒷바라지를 위해 온 가족이 이주한 것이었다. 그곳에서 조모[성산여씨], 부모, 그리고 출가한 맏누이를 제외한 삼 형제가 오순도순 살았다. 장남의 졸업과 함께 이리 생활은 끝이 났지만, 우리 가족에게는 그때의 흔적이 아직도 곳곳에 배어 있다. 조모는 집 근처 마동의 천주교회에 다녔고, 모친은 한창 교세를 떨치던 원불교를 믿었다. 선친은 할머니 손에 이끌려 성당에 간 적이 있는데, 훗날 선친이 천주교에 귀의한 것은 이때의 체험과 관련이 깊다. 맏누이는 어머니가 믿던 원불교 신앙을 받아들여 독실한 신자가 되었고, 구미 원불교 교당의 큰 어른이셨다.

선친은 일본인이 세운 이리국민학교에서 1,2년을 보냈다. 맏형의 졸업과 함께 가족은 형곡으로 돌아왔다. 맏형은 선산군청의 계장으로 취직했고, 작은형은 경북중학교에 진학했으며, 선친은 구미국민학교를 다녔다. 경북중학교에서 늘 우등을 놓치지 않던 작은형[김교순]은 집안의 자랑이었다. 대동아 전쟁이 막바지에 접어든 1940년대 초·중반은 누구나 그러했듯 선친 가족에게도 시련의 시기였다. 1924년생 큰형은 일본군에 강제 징집되었고, 1929년생 작은형은 징병을 피해 17살 나던 해 동갑인 상주 우물리의 풍산류씨와 결혼했다. 경북중학생들을 가미가제 특공대로 징발한다는 소문으로 사회가 요동치던 때였다. 작은형수 집안 또한 딸의 정신대 차출을 피하고자 결혼을 서둘렀다. 그렇게 어수선한 분위기 속에서 해방을 맞았다. 큰형은 다시 직장으로 복귀했고, 작은형은 1948년 서울대 법대에 입학했으며, 선친은 선산중학교에 들어갔다.

## 6·25동란

1950년 6월 6·25전쟁이 발발했다. 당시 서울에 있던 작은형의 소식이 끊어졌고, 그해 8월로 접어들면서 인민군이 선산을 점령했다. 낙동강 전선이 교착 상태로 빠져들면서 병력 부족에 시달리던 인민군은 남한 청년들을 의용군으로 차출하는 데 혈안이 되었다. 선친은 큰형과 함께 사창에서 상모로 넘어가는 덕곡 고개 안쪽의 건바위(건암) 토굴로 피신했다. 토굴 생활이 지겨웠던지 형제는 밤을 타 집에 내려왔다가, 인민군과 마주쳤다. 큰형은 바로 담을 넘어 도주했지만, 방에 있던 선친이 발각되고 말았다. 당시 17세였던 선친은 다소 왜소하고 어려 보였던 탓에 천행으로 징병을 피해 갔다.

그렇게 무사히 지나가나 싶었지만, 1950년 8월 16일 미국 B-29 폭격기의 융단 폭격이 전격적으로 단행되었다. 인민군의 대공세에 직면하여 유엔군이 수세에 몰리자, 총사령관 맥아더 원수는 왜관 이북에 융단 폭격을 지시했다. 오키나와 가데나 공군기지에서 발진한 98대의 B-29가 왜관 북쪽에서 금오산에 이르는 12㎞ 구간에 960톤의 폭탄을 투하했다. 6·25전쟁 사상 최대의 공습 작전이었다. 당시 형곡에는 선산과 칠곡에서 피난 온 사람들이 많았다. 금오산이 숨겨 놓은 외딴 분지 형곡은 예로부터 전란이 발생하면 인근 주민들이 본능적으로 모여드는 피난지였다. 그리하여 형곡은 피난민들과 그들이 끌고 온 황소들로 마을 일대를 뒤덮었다. 황소의 누른 빛깔이 인민군의 군복 색깔과 비슷했던 터라 멀리서 보면 마치 인민군 대부대가 주둔한 것처럼 보였다. 인민군 대부대가 집결했다고 판단한 미 조종사들은 마지막 남은 폭탄을 형곡에 쏟아부었다.

당시 본가에는 모친과 큰형수가 집에 있었다. 대규모 폭격기 편대들이 약목과 북삼을 거쳐 금오산을 향해 집중 폭격하는 상황에서, 모친과 큰형수가 급히 집을 나섰다. 그 폭탄에 모친이 쓰러졌고, 가재를 챙기느라 잠시 지체했던 큰형수는 간발의 차이로 다리에 파편상을 입고 목숨을 건졌다. 수의사였던 큰형이 응급 처치에 나섰지만, 모친은 이튿날 54세를 일기로 돌아가셨다. 그날이 음력으로 7월 7일, 곧 칠월 칠석이었다. 신친의 시에 칠월 칠석을 읊은 시가 자주 보이는 까닭이다.

9·15 인천상륙작전으로 전세가 역전되면서 형곡에도 평화가 찾아왔다. 그렇지만 집안의 시련은 끝나지 않았다. 서울에 남아 있던 작은형이 납북되었다는 소식 때문이었다. 당시 서울대 법대 3학년 재학 중이던 작은형은 선산 출신 김우동 제헌(制憲) 국회의원 집에서 가정 교사를 겸해서 거주하고 있었다. 작은형과 함께 납북되었던

김덕[김우동의 아들, 통일원 장관 역임]에 따르면, 9월로 접어들면서 전황이 밀리던 인민군은 서울대학생과 경기중학생들의 소집령을 하달했고, 동숭동에 집결한 학생들을 인솔하여 북으로 향했다. 서울대생들이 앞서고 경기중학생들이 뒤에 섰는데, 경기중학생이던 김덕은 행렬에서 이탈하여 탈출에 성공했다.

　모친의 죽음에 이은 집안의 자랑이던 작은형 소식은 청천벽력이었다. 더구나 청상과부가 된 작은형수는 26세가 되던 1954년 복막염을 앓다가 사망했다. 모친의 죽음, 작은형의 납북 소식, 집의 소실과 뒤이은 작은형수의 죽음으로 한때 단란했던 가족은 평지풍파 상황이 되고 말았다. 감수성이 예민했던 선친은 모친과 작은형, 작은형수의 갑작스런 죽음 앞에서 망연자실했다. 모친의 유택은 집 뒤편 새미 양지 녘에 마련했다. 전시 상황에서 급작스럽게 치른 장례였던지라 다른 무덤에 비해 작고 초라했다. 선친의 시에서 새미, 삼 형제, 남산, 덕곡 등의 시어, 홀로 우두커니 서서 울먹이는 모습이 반복되는 것은 이같은 선친의 개인사와 관련이 깊다.

### 한 소녀와의 사랑
　선친은 어머니의 죽음, 가족의 붕괴라는 상황을 이겨내고자 종교에 의지했다. 1950년대 후반 천주교에 귀의하기 전까지 선친의 상심한 영혼을 사로잡은 것은 불교였다. 직지사, 가야산, 승무 같은 불교를 소재로 하는 시 어들은 당시 선친의 심정을 반영하는 것들이었다.

어머니의 죽음 직후 선친은 한 여인을 사랑했다. 경남 영산에 살던 한 소녀였다. 소녀는 큰형수의 고종 동생으로 외가인 오태에 왔다가, 언니를 보기 위해 사창을 방문했던 듯하다. 전쟁 직후 격전지였던 영산의 집이 소실되었는지, 소녀는 외가를 자주 방문했고 그러면서 선친과의 만남이 잦았다. 선친의 시 「소녀」에서 "포탄 터지는 날, 어머니와 바꾸어 가진 한 소녀"가 그 주인공이다. 선친도 소녀의 고향인 영산을 방문한 적이 있었다.

시를 통해서 알게 된 사실인데, 당시 구미에서 영산 가는 교통편은 낙동강을 오르내리는 나룻배였다. 요즘 같으면 고속도로를 이용하여 자동차로 한 시간 반이면 갈 수 있는 거리지만, 당시 삼백 리 뱃길은 참으로 고된 길이었다. 비산 나루, 동락 나루, 오태 나루 등이 구미와 칠곡의 대표적 나루였다. 이곳에서 영산으로, 그리고 구미로 오갔던 것으로 생각된다. 「남도 삼백리」는 선친이 영산의 소녀 집을 처음 방문했을 때의 심정을 읊은 것으로 보인다.

두 분의 러브스토리는 해피 엔딩이 아니었다. 뒤에 집안 어른들로부터 들은 얘기에 따르면, 두 분은 언젠가 헤어졌다. 선친은 제 모친을 만났고, 그분은 다른 분을 만나 결혼했다. 비록 그 사랑이 결실을 맺지 못했지만, 10대 후반 20대 초반 한창 감성이 예민했던 청년의 마음을 사로잡고, 마음의 상처를 씻어주는 데 그 소녀의 역할이 지대했다. 시를 분석한 홍승기 선생님은 이 시절 선친의 시 대부분이 연애시로 채워졌다고 평할 정도였다.

### 시집의 출간

선친은 1950년대 후반 천주교에 귀의하고 또 1961년 모친과 결혼하면서, 점차 불행했던 가족사의 깊은 심연에서 헤어나오셨다. 정신적 안정을 찾으면서 선친의 시 쓰기 열정도 사라져갔다. 선친은 1959년 10월 그동안 창작했던 시들을 공책에 기록하고, 『송월시집』(상·하)이라는 제목을 붙였다. 필자가 초등학교 시절 아버지가 쓴 시집을 보고 아주 흥분했던 적이 있다. 무슨 내용인지 몰랐지만 아버지가 젊은 시절 시를 썼다는 사실 자체가 못내 신기했다. 2020년 선친이 돌아가신 후 유품을 정리하다가 이 시집을 발견했다. 예전 기억을 떠올리며, 이 시고를 언젠가 출간하여 선친을 아는 지인과 친척들에게 보여주고 싶다는 생각이 들었다.

그런데 1950년대의 문체로 흘려 쓴 것이고, 더구나 잉크 자국이 번져 읽기가 쉽지 않았다. 시간도 없고 해서 제수에게 정서를 부탁했다. 동생과 제수가 평소 인문 소양이 있고, 또 이런 일을 잘 해내리라 싶었기 때문이었다. 동생 내외도 읽어 내려가기가 힘들었던지 한참 동안 시고를 끌어안고 있다가, 2년이 지나서야 정서에 성공했다. 필자가 컴퓨터에 입력하여 파일로 만들려 했지만, 영 진도가 나가지 않았다. 시간이 없기도 했지만 무성의한 탓이었다.

동생 내외에게 시집 정서를 부탁하면서, 나의 은사이신 홍승기 선생님께 시의 비평을 부탁드렸다. 선생님은 오랫동안 많은 시를 써온 시인인 데다가, 시 이론이나 창작 기법에 대해서는 누구보다 정통한 분이셨다. 선생님이라면 힘들이지 않고서도 시의 가치를 정확하게 평가해 해 주시리라 믿었다. 선생님께서는 선친 시를 빨리 보여 달라고 재촉하셨다. 시간이 자꾸만 늘어지자 선생님께서는 전에 보내드렸던 한글 파일의 내용을 마치 비문 판독하듯 분석하고 논평을 시작하셨다.

시의 가치를 평가해 달라는 부탁을 드렸을 뿐인데, 선생님께서는 살릴 부분과 버릴 부분, 시집의 편차 및 편제, 논평에 이르기까지 모든 작업을 단숨에 끝내셨다. 이제 80이 넘어 노년 줄에 들으셨지만, 집중력과 예지력은 젊은 사람을 훨씬 넘어서는 것이었다. 옆에서 40년 넘어 지켜보았지만, 선생님이 이렇게 열정적인 분인가 새

삼 깨닫게 되었다. 선생님께서는 외국에 있는 손주들이 쉽게 접할 수 있도록 선별한 시들을 손수 영문으로 번역까지 하셨다. 미국에 계시는 큰따님이 교정을 보아, 한층 품격을 높였다. 이렇게 해서 국문과 영문을 동시에 수록하는 시집이 되었다.

이뿐 아니었다. 평소 남원에 계시면서 접촉했던 많은 문인들을 통해 평론가 이정훈 선생님을 추천해 주었고, 또 직접 이 선생님께 부탁하여 비평문까지 받으셨다. 이정훈 선생님은 젊은 시절 선친의 가족 사랑과 자연 친화적인 감성 등을 예리한 시선과 품격 있는 글로 잘 표현해 주셨다. 두 분 선생님의 주옥같은 글이 더해지면서, 선친 시의 격이 한층 높아졌다. 끝으로 출판을 흔쾌히 허락하여 주신 시와에세이의 양문규 대표님과 간행에 노고를 베풀어주신 편집인 여러분들에게 감사의 마음을 전한다.

그저 집안사람과 친지들에게 돌려 선친을 추억하는 자료로 삼으려는 소박한 마음에서 시작한 것인데, 너무 멀리 가버렸고, 기대치 않는 호사를 얻게 되었다. 위에서 언급한 여러분들의 도움으로 참으로 미약했던 기대가 너무나도 창대한 결실로 이어지고 말았다. 평소 부끄러움이 많았던 선친께서도 이 시집의 출간 소식 앞에서 더욱 겸양스러워 하시리라 믿는다.

기러기 우는 밤

2025년 5월 8일 초판 1쇄 펴냄

지은이 _ 김교홍
펴낸이 _ 양문규
펴낸곳 _ 詩와에세이

신고번호 _ 제2017-000025호
주　　소 _ (30021) 세종특별자치시 조치원읍 충현로 159, 상가동 107-1호
대표전화 _ (044)863-7652
팩시밀리 _ 0505-116-7653
휴대전화 _ 010-5355-7565
전자우편 _ sie2005@naver.com
공 급 처 _ 한국출판협동조합
주문전화 _ (02)716-5616
팩시밀리 _ (031)944-8234~6

ⓒ 김교홍, 2025
ISBN 979-11-91914-82-5 (03810)

* 지은이와 협의하여 인지는 생략합니다.
* 이 책 내용의 전부 또는 일부를 재사용하려면 반드시 지은이와
  詩와에세이 양측의 동의를 받아야 합니다.
* 책값은 뒤표지에 표시되어 있습니다.